BEGINNER's SERIES

金融法務入門

初めて学ぶ人のための 入門シリーズ

堀総合法律事務所
藤池智則・髙木いづみ [著]

第2版

経済法令研究会

は し が き

　金融機関は、顧客との間で、預金、融資をはじめとするさまざまな取引を行っていますが、それらはすべて法的根拠に基づいて処理されています。

　この点、日常業務においては、各金融機関の事務マニュアル等に従って業務を行っていれば特に問題が生じることもほとんどないため、日常の中で法務知識の必要性を感じることはないかもしれません。ただ、異例事態やトラブルが発生した場合には、その取引に関する法的理解に立ち戻って問題の解決を図ることが必要となります。

　そもそも、金融法務の基本的理解ができていないと事務マニュアル等が定めるルールを正しく理解することができず、意図せずルールに抵触してしまうことも想定されます。

　ここに、金融法務の知識を習得する意味があります。

　本書は、金融法務にはじめて接する若手行職員の方々が、法務の初歩的理解ができるよう、預金、融資、為替等の基本取引について特に重要な項目に絞り、適宜、用語解説を交えながらわかりやすく解説することを心がけました。各項目の見出しを質問形式にし、原則、見開き2頁で簡潔に記述してありますので、知りたい項目が一目でわかるようになっています。

　また、第2版では、手形交換所から電子交換所に移行したことを受け、手形交換に関する項目を改訂したほか、個人情報の保護に関する法律等、

近時の法改正を受けた改訂を行いました。

　本書によって、新入行職員を含めた若手行職員の方々が金融法務の基礎的理解を深め、正確な業務遂行をするうえでの一助となれば幸甚です。

　最後に、本書の執筆にあたっては、経済法令研究会の地切修氏に原稿の編集等で尽力いただき、また、当事務所の高橋遼弁護士には関連法令の調査、原稿の校正等でご協力いただいたので、ここに両氏に対して謝意を表します。

　2023年1月

堀総合法律事務所パートナー弁護士

藤池 智則、髙木 いづみ

Contents

Ⅰ 金融取引一般

Ⅱ 預　　金

Ⅲ　融　　資

Contents

Ⅳ　手形・小切手

法律等の略記について

改正債権法　⇒民法の一部を改正する法律（平成29年6月2日法律44号）により改正された民法の債権関係部分

改正相続法　⇒民法及び家事事件手続法の一部を改正する法律（平成30年7月13日法律72号）により改正された民法の相続部分

　※文中における「債権法改正」、「相続法改正」との表記は、いずれも上記と同様である。

銀行取引約定書　⇒平成12年4月に廃止された全国銀行協会制定の銀行取引約定書旧ひな型

金融取引一般

1 金融取引と法

1 金融機関を規制する法律にはどのようなものがあるか

1 | 銀行法、信用金庫法など各業法がある

(1) 銀行法の適用と準用

　金融機関に適用される金融規制法として最も重要なものは銀行法です。銀行法は、銀行に適用されるものですが、各協同組織金融機関（信用金庫、信用組合等）を規律する業法においても準用されています。

(2) 銀行法の目的

　銀行法1条1項では、銀行法の目的は「銀行の業務の公共性にかんがみ、信用を維持し、預金者等の保護を確保するとともに金融の円滑を図るため、銀行の業務の健全かつ適切な運営を期し、もって国民経済の健全な発展に資する」点にあるとされています。

　銀行のような預金取扱金融機関は、預金業務により受け入れた資金をもって貸付業務や送金業務（為替業務）を行います。そして、これらの業務により、資金を資金需要者につなぐ金融仲介機能を提供し、また、貸付により新たな預金を創出するという信用創造機能も提供します。これらの機能により、国民の余剰資金を資金需要者に行き渡らせることができ、ここに銀行業務の公共的性格が認められます。

　しかし、預金者は、銀行を信用しないと、直ちに預金の払戻しを請求することとなるでしょう。一方で、預金を原資とする貸付は、通常一定の期限が設定されており、銀行が要求したからといって直ちに返金されるべき性質のものではありません。

　そのため、銀行が貸付や投資の失敗等により、信用をなくして取付け騒ぎが生じると、資金繰りが悪化して、経営破綻し、それにより、国民経済に重大な悪影響を及ぼすおそれがあります。

それゆえ、銀行業務の健全性確保と銀行の信用の維持の観点から、銀行法は、銀行業務を免許制にするとともに、自己資本比率規制、業務範囲規制、議決権保有規制、金融庁による監督等の厳格な規制を置いているのです。

(3) その他の規制法

そのほか、預金取扱金融機関を規制する法律として、預金保険法、臨時金利調整法、出資法、独占禁止法、外国為替及び外国貿易法、金融商品取引法、犯罪収益移転防止法等種々のものがあります。

2 金融取引関連法として、民法、会社法、手形法等がある

金融機関が行う個々の取引は、私人間の取引です。したがって、金融取引においては、私人間の法律関係を規律する民法、商法、会社法、手形法、小切手法、利息制限法、消費者契約法、金融サービスの提供に関する法律等の実体法、民事訴訟法、民事執行法、民事保全法等の手続法、破産法、民事再生法等の倒産法といった私法上のルールが適用されます。

3 法律には任意規定と強行規定がある

法律の規定には、当事者間の合意によって排除できる任意規定と、国や社会の秩序維持や経済的弱者保護の観点から、その定めに反する当事者間の合意が許されない強行規定があります。

このうち任意規定は、当事者間の契約にこれに反する定めがない場合に契約内容を補充します。他方、強行規定は、金融機関が締結する契約の内容や契約締結のための勧誘行為等を制約します。こうした制約は、金融機関とその顧客の間の情報・交渉力等の格差にかんがみた、消費者や社会的弱者の保護の観点からのものです。

1 あらかじめ定型化された契約条項を約款という

　私人間の法律関係は個人の自由な意思によって決定されるため、金融機関は、いかなる者と、いかなる内容の契約を締結するか、自主的に判断できます。ただ、金融機関がすべての取引の契約内容を個別の顧客ごとに判断するとなると、非常に時間と手間がかかります。

　そこで、定型的サービスについては、金融機関があらかじめ契約条項を定めて契約内容を定型化し、顧客に適用する約款を制定しておく必要があります。

2 民法に定型約款の規定が明文化されている

　改正前民法においては、約款について明文がありませんでした。そのため、金融機関が制定した約款が顧客に対して拘束力を有するためには、顧客が約款に同意するか、顧客が約款を知りうる状況に置いておくことが必要であると考えられていました。

　債権法改正によって「定型約款」について定義規定が新設され、一定の要件を充たした場合に定型約款が拘束力を持つことが明文化されました。

　定型約款は、「定型取引において、契約の内容とすることを目的としてその特定の者により準備された条項の総体」と定義されており、「定型取引」とは、「ある特定の者が不特定多数の者を相手方として行う取引であって、その内容の全部又は一部が画一的であることがその双方にとって合理的なもの」をいいます（民法548条の2第1項）。

　この定義に照らすと、従来まで約款と呼ばれていたものすべてが定型

約款になるとは限りません（定型約款に当たらない約款については、従来と同じ扱いがなされる）。

「定型約款」が拘束力を持つためには、①契約当事者が、定型約款を契約の内容とすることを合意したこと、または、②定型約款を準備した者があらかじめその定型約款を契約の内容とする旨を相手方に表示したことが必要となります。

ただし、相手方の権利を制限し、または義務を加重するような条項であって、その定型取引の態様および実情ならびに取引上の社会通念に照らして信義則に反して相手方の権利を一方的に害するものと認められる場合は、その条項に拘束力は生じません（同条2項）。

3 ｜ 定型約款の変更

定型約款の変更についても以下のようなルールが定められています。

① 定型約款の変更が、相手方の一般の利益に適合する、または変更が契約をした目的に反せず、かつ、変更の必要性、変更後の内容の相当性、定型約款の変更をすることがある旨の定めの有無およびその内容その他の変更に係る事情に照らして合理的なものである（民法548条の4第1項）。

② 変更後の定型約款の内容ならびに当該発生時期をインターネット等により周知する（同条2項）。

> ＜定型約款に該当するもの＞
> ・預金規定
> ・インターネットバンキング規定
> ・カードローン規定
> ・住宅ローン規定
> ＜定型約款に該当しないもの＞
> ・銀行取引約定書

3 金融取引において判例は どのような意味があるか

1 | 具体的事件の法律判断として重要な意味がある

　金融取引に係る契約内容は私法により規律されますが、その法の解釈において判例が参照される場合があります。

　判例とは、裁判所が具体的事件において下した法的判断をいいます。金融取引に関しては非常に多くの判例があり、同種の事件については、裁判所が、過去の判例を参照して同様の判断を下す可能性が高まります。特に、最高裁判所の判例は、三審制のもとで他の裁判所により尊重されますので、他の裁判所に対して事実上の拘束力があるといえます。

　したがって、金融法実務においては、法を解釈するにあたり判例を検討することは必須となります。

2 | 商慣習も法的拘束力がある

　金融取引において、商慣習に従って契約が規律される場合があります。すなわち、金融取引において契約に特に定めがない場合であっても、商取引において広く行われている商慣習のうち、法律同様の拘束力を持つと一般的に認められるものは、商慣習法として金融取引に適用されます（商法1条2項、法の適用に関する通則法3条）。

　また、商慣習法ほどの拘束力が一般的に認められない**事実たる慣習**（※）でも、金融取引の当事者間でそれに従う意思がある場合は、契約上の拘束力が認められます（民法92条）。

【法の分類】

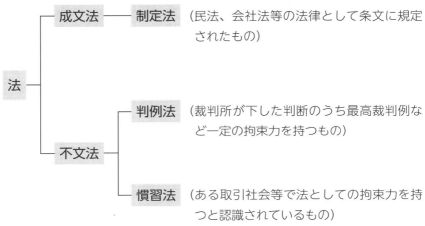

法
├─ 成文法 ── 制定法　（民法、会社法等の法律として条文に規定
│　　　　　　　　　　　　されたもの）
└─ 不文法 ─┬─ 判例法　（裁判所が下した判断のうち最高裁判例な
　　　　　　　　　　　　　ど一定の拘束力を持つもの）
　　　　　　└─ 慣習法　（ある取引社会等で法としての拘束力を持
　　　　　　　　　　　　　つと認識されているもの）

☞ **事実たる慣習**　事実上の慣行によって成立した社
　　会規範のうち、慣習法といえる程度に至らない
　　慣習のことをいう。

4 守秘義務とは何か

1 | 取引で得た顧客情報を漏らしてはいけないという義務である

　金融機関は顧客との金融取引を行ううえでさまざまな私法上の義務を負いますが、顧客に対して負担する義務のうち最も基本的なものは、守秘義務です。

　金融機関は、金融取引を通じて、顧客の資産状態、信用状態、プライバシー等に関する情報を取得し、顧客は金融機関がこうした情報を他に漏らさないとの前提のもとにこれらを金融機関に提供しています。

　そのため、判例は、金融機関と顧客との間の契約や約款で明確に守秘義務が規定されていなくても、金融機関は、顧客との取引内容に関する情報や顧客との取引に関して得た顧客情報につき、商慣習上または契約上、当該顧客との関係において守秘義務を負うとしています（最決平成19・12・11金融・商事判例1288号62頁）。

　したがって、金融機関の行職員は、顧客情報を故意に外部に漏らすことが許されないことはもちろんのこと、エレベーター内や酒席等の会話で顧客情報が漏れることがないように注意する必要があります。また、顧客の家族からの申出であっても、原則として顧客本人に関する情報を回答することはできません。

2 | 個人の顧客情報については個人情報保護法上の義務を負う

　顧客情報をみだりに第三者に漏らした場合は、守秘義務に違反するだけでなく、その顧客が個人である場合は、個人情報の保護に関する法律（以下「個人情報保護法」という）に違反することにもなります。

　ただ、個人情報保護法上、以下のような場合等においては、個人情報

を第三者に開示することが許されています（個人情報保護法27条1項）。

① 本人の同意がある場合

② 法令に基づく場合

③ 人の生命、身体または財産の保護のために必要があり、かつ本人の同意を得ることが困難である場合

　顧客情報が個人情報にも該当する場合は、これを第三者に開示することが許容されるかどうか判断するにあたって、守秘義務に加え、個人情報保護法も検討する必要があります。

3 個人情報の取扱いについては銀行法上の規制もある

　銀行法上も、個人情報に関しては、業務上取り扱う個人情報の安全管理、従業員および委託先の監督について必要な措置を講じるべきこと、返済能力情報の目的外使用の禁止、人種・信条・門地・本籍地・保健医療・犯罪経歴等の特別の非公開情報（センシティブ情報）の目的外使用の禁止、一定の個人情報の漏えい等が発生した場合の監督当局への報告等が規定されています（銀行法施行規則13条の6の5〜7）。

　したがって、顧客情報の漏えい等は、顧客との関係で守秘義務違反となるだけでなく、金融規制法にも抵触し、業務改善命令や業務停止命令等の行政処分につながるおそれもあります。

5 守秘義務の例外とされるのは どのような場合か

1 正当な理由がある場合

　金融機関は正当な理由がある場合は、顧客情報を第三者に開示することができます（最決平成 19・12・11 金融・商事判例 1288 号 62 頁）。また、顧客情報が個人情報の場合、個人情報保護法の例外規定に該当する必要もあります（個人情報保護法 27 条 1 項）。

2 顧客の同意がある場合

　顧客が、第三者への顧客情報の提供に同意した場合は、第三者への顧客情報開示が認められます。

3 法令に基づく場合

(1) 捜査機関への情報提供

　警察等の捜査機関からの顧客情報に関する調査には強制捜査と任意捜査があります。強制捜査の場合はもちろん、任意捜査の場合でも、その捜査に必要な限度で顧客情報を開示することは、法令に基づくものとして許容されます。

(2) 税務署への情報提供

　税務署が行う顧客情報に関する調査にも、強制調査と任意調査があります。任意調査の場合でも、正当な理由なく拒否すると、罰則の適用があるため、事実上、これに応じる義務があります。

(3) 弁護士会照会への対応

　弁護士会が、弁護士からの申出に基づき、公務所または公私の団体に照会して必要な事項の報告を求める場合があり（弁護士法 23 条の 2）、

これを「弁護士会照会」と呼んでいます。

弁護士会照会を受けた金融機関は、照会をした弁護士会に対して、法律上、報告を行うべき公的な義務を負うものとされています（最判平成28・10・18民集70巻7号1725頁）。

ただ、拒絶できる正当な理由があるにもかかわらず、弁護士会照会に応じて報告を行った場合には、守秘義務違反となる可能性がありますので、できる限り、あらかじめ顧客本人の同意を得ることとし、同意を得られない場合には、報告を拒絶する正当な理由の有無等につき検討を行ったうえで対応すべきです。

(4) 調査嘱託への対応

裁判所が、公私の団体に対して必要な調査を嘱託する場合があり（民事訴訟法186条）、これを「調査嘱託」と呼びます。調査嘱託に応じることは公的な義務に基づくものである以上、個人情報保護法の例外として許容されます（個人情報保護法27条1項1号）。

ただ、守秘義務違反が問題となる可能性がありますので、弁護士会照会と同様の対応をすべきです。

4 取引慣行に基づく場合

金融機関が手形を割り引く場合等において、その手形の振出人等の取引金融機関に対して、振出人等による決済の見込み等を照会する制度である信用照会は、金融機関が不良取引先を排除するために行われてきた実務慣行であり、正当な理由があるものと考えられています。

6 取引時確認とはどのようなものか

1 取引開始時等に行う本人特定事項等の確認をいう

　金融機関は、犯罪による収益の移転防止に関する法律（以下「犯罪収益移転防止法」という）4条1項により、以下の取引について取引時確認が必要とされています。

① 普通預金口座の開設や定期預金の作成等の継続的な取引
② 1回に200万円を超える受払
③ 10万円を超える現金の受払をする為替取引等

2 取引時確認をすべき事項は以下のとおりである

(1) 個 人

・本人特定事項（氏名、住居、生年月日）
・取引を行う目的
・職業
・代理人による取引の場合は代理人の本人特定事項

(2) 法 人

・本人特定事項（名称、本店または主たる事務所の所在地）
・取引を行う目的
・事業内容
・取引の任に当たっている者の本人特定事項
・実質的支配者がいる場合はその者の本人特定事項

3 本人特定事項の確認は運転免許証等によって行う

　本人特定事項の確認に必要な本人確認書類は、運転免許証等、一定の

公的機関が発行したものに限定されています。また、健康保険証等の顔写真のない本人確認書類の場合は、補完書類（公共料金の領収証書等）による確認等が必要となります。

インターネット取引等の場合には、顧客から、本人確認用画像情報（取引時確認を行う金融機関が提供するソフトウェアにより撮影された顧客等の容貌および写真付本人確認書類の画像情報）の送信を受ける方法等により本人特定事項の確認を行います。

4 会社と取引する場合は取引担当者も確認する

会社を顧客として取引する場合は、実際に取引に当たっている者についても本人特定事項の確認を行う必要があります（犯罪収益移転防止法4条4項）。

5 実質的支配者の確認も行う

法人について実質的支配者がいる場合は、その者の確認も必要です。

6 ハイリスク取引の場合はより厳格な確認が必要になる

なりすましの疑いのある場合の取引など厳格な顧客管理の必要性が高いと認められる取引（ハイリスク取引）の場合には厳格な取引時確認の対象となり、上記の事項につき通常の確認方法と異なる確認が必要となります。さらに、当該取引が200万円を超える財産の移転を伴う場合には、資産および収入の状況の確認が義務づけられています（犯罪収益移転防止法4条2項）。

外国PEPs（国家元首や、首相、高位の政治家等重要な公的な機能を任されている個人）または過去にPEPsであった者およびその近親者との取引についても、厳格な取引時確認の対象となります。

7 | 疑わしい取引とはどのような取引をいうのか

1 | 疑わしい取引は届出が必要である

　金融機関は、預金等によって受け入れた資金が犯罪による収益である疑いがある等の場合には、その届出が義務づけられています（犯罪収益移転防止法8条）。これを「疑わしい取引の届出」といいます。顧客との間で取引が成立したことは必ずしも必要とされていないため、架空名義の口座開設の疑いがあるとして口座開設を断ったときでも届出が必要となります。

2 | 疑わしい取引の判断は顧客の属性等に着目し総合的に判断する

　どのような要素をもって「疑わしい」に該当すると判断するかについては、顧客の属性（国籍、公的地位、顧客の行っている事業等）、取引の状況その他金融機関の保有している当該取引に係る具体的な情報（外為取引と国内取引との別、顧客属性に照らした取引金額、回数等の取引態様）および国家公安委員会が公表する「犯罪収益移転危険度調査書」を総合勘案して判断すべきとされています（犯罪収益移転防止法8条2項）。

　たとえば、顧客の属性に着目して、当該顧客の給与水準ではありえない多額の資金移動がある等、その取引内容、金額、回数といった取引態様が通例とは思えない事情がある場合には、当該事情は「疑わしい」取引の存在を判断するうえでの重要な要素となります。疑わしい取引該当性の判断にあたっては、金融庁が公表している「疑わしい取引の参考事例」が参考となります。

　なお、金融機関は、疑わしい取引の届出を行おうとすること、または行ったことを当該届出に係る顧客またはその関係者に漏らしてはなりません（同条3項）。

預　金

1　預金の法的性質等

1　預金契約にはどのような性質があるか

1　預金契約は消費寄託契約である

　預金契約は、一般に、消費寄託契約（民法666条）であると解されています。

　民法上、寄託契約は、「当事者の一方がある物を保管することを相手方に委託し、相手方がこれを承諾することによって、その効力を生ずる」と規定されています（同法657条）。そして、消費寄託契約は、寄託契約のうち、目的物そのものを保管して返還するのではなく、目的物を消費し、同種・同等・同量の物を返還する場合をいうとされています。

　判例上も、預金契約は消費寄託の性質を有していることが認められています。ただ、預金契約には消費寄託の性質だけでなく、委任事務ないし**準委任(※)**事務の性質を有するものも多く含まれていることにも言及されています（最判平成21・1・22民集63巻1号228頁）。

2　預金契約には以下のような性質がある

(1)　諾成契約性

　当事者間の合意のみで成立する契約を諾成契約といい、当事者間の合意だけではなく、契約の目的物の交付がなければ成立しない契約を要物契約といいます。

　債権法改正前民法では条文上、寄託契約は要物契約とされ（改正前民法657条）、消費寄託契約も要物契約とされていましたが、判例上合意のみによる寄託契約の成立も認められており、実務上も金銭を寄託することなく普通預金口座を開設することも許容されていました。

　改正後の民法では、寄託は諾成契約とされ（民法657条）、消費寄託

契約である預金契約も諾成契約とされました。

(2)　片務契約性

　片務契約性とは、当事者の一方だけが債務を負う契約のことをいいます。預金契約が成立した後は、預金者は当該預金契約について債務を負わず、金融機関のみが債務を負うということです。

　なお、当事者双方が債務を負担する契約を双務契約といいます。

(3)　付合契約性

　預金契約は、実務上、約款である預金規定によって、預金者と金融機関との間で締結されています。大量の取引を迅速かつ確実に行う要請から、契約内容は画一的なものとなります。

　このように、当事者の一方が、あらかじめ定めた定型的な契約内容に従って行う契約形態を付合契約といい、預金契約には付合契約としての性質もあります。

☞ **準委任**　法律行為（権利の変動を伴うもの）以外の事務処理を委託することをいう。法律行為の委託をする場合を委任という。

2 預金債権にはどのような性質があるか

1 預金債権は譲渡が制限されている

預金契約が成立した場合、預金者は金融機関に対して、預金の払戻しを受ける権利を取得します。この権利を、預金債権と呼びます。

預金債権は、一部の例外を除き、譲渡が禁止されており、この点は、通常、預金規定に明記されています。これは、当事者間の合意による債権譲渡の制限に当たります（民法466条2項本文）。

債権法改正後の民法のもとでは、譲渡制限特約の付された債権を譲渡した場合、その譲渡自体は有効ですが、譲受人が譲渡制限の意思表示について**悪意（※）**または**重過失（※）**であるときは、債務者は債権の譲受人に対し債務の履行を拒否し、または譲渡人への弁済を対抗できることとなっています（同条3項）。

もっとも、預金債権については例外的に、改正前民法における譲渡禁止特約付債権と同様の取扱いを維持し、譲渡制限特約が付された預金債権が譲渡された場合、譲受人が譲渡制限の意思表示について悪意または重過失であるときは、譲渡自体が無効となり、譲受人は預金債権を取得できないとされています（同法466条の5第1項）。

譲渡入禁止特約は預金通帳に記載されていますので、譲受人は、通常は、譲渡・質入禁止特約について悪意または重過失であると解され（東京高判昭和42・4・17金融・商事判例58号2頁）、譲渡自体が無効になると考えられます。

2 | 預金通帳・証書は証拠証券・免責証券の性質がある

（1） 証拠証券性

　証拠証券とは、権利の存在を証明する証券のことをいいます。預金通帳・証書は、預金債権の存在を証明する証券としての性質があります。

　なお、権利の発生・移転・行使に際して証券を必要とするものを有価証券といいますが、預金通帳・証書は証拠証券にすぎないため、これがなくても預金債権を行使できます。

（2） 免責証券性

　免責証券とは、債務者が証券の所持人に弁済すれば、所持人が正当な権利者でなくても、債務者に悪意・重過失がない限り責任を免れる証券のことをいいます。

　預金通帳・証書も、金融機関はその提出を受けて、印鑑照合等の所定の手続をとって払戻しをしたのであれば、原則として有効な弁済となるので、免責証券性があるといえます。

> ☞ **悪意**　ある事実を知っていること。通常の悪意と異なり、倫理的な意味はない。悪意の反対語としての善意は、ある事実を知らないことをいう。
>
> ☞ **重過失**　適切な注意を怠ることを過失といい、注意義務を著しく欠くことを重過失という。なお、不注意の程度が軽いものを軽過失という。

2 預金の種類

3 普通預金はどのような性質の預金か

1 普通預金はいつでも払戻しできる要求払預金である

普通預金は、預金者の請求によって、いつでも払戻しが行われる、いわゆる要求払預金です。預金者からの初回の受入れによって普通預金の取引は始まり、その解約により取引が終了します。

普通預金の法的性質は、期限の定めのない消費寄託契約です。そして、普通預金の預金債権の数は１つであり、預入れ・払戻しのつど別個独立の契約が成立するわけではないと解されています。

すなわち、預金の受入れがなされると、そのつど既存の残高と合体して１個の債権となり、預入れ・払戻しが反復されても、１つの預金債権が増減するにすぎません。

2 普通預金の預金規定には以下のような規定がある

普通預金の利息については、預金規定に定められることが多く、その内容としては、年に２回、金融機関所定の日に、当該金融機関の店頭に表示する毎日の利率によって計算のうえ、当該預金に組み入れる旨の定めを設けることが一般的です。

また、普通預金では、現金以外にも、手形、小切手、配当金領収書その他の証券で直ちに取立のできるものを受け入れることができます。

受け入れた証券類は、受入店で取り立て、その決済を確認したうえでなければその証券類に係る預金の払戻請求に応じることができず、証券類が不渡りとなった場合には金融機関は直ちにその通知を届出住所宛に発信するとともにその金額を普通預金元帳から引き落とすことになっています。

3 | 普通預金規定には強制解約事由が規定されている

普通預金が解約されると、普通預金の預金者と金融機関との取引は終了することになります。

普通預金の預金規定には強制解約事由が定められており、以下のような事由が列挙されています。

① 預金口座の名義人が存在しないことが明らかになった場合

② 預金が法令や公序良俗に反する行為に利用され、またはそのおそれがあると認められる場合

③ 暴力団排除条項として、預金者が反社会的勢力に該当することが判明した場合または口座開設時に行った「反社会的勢力に該当しない」旨の表明確約が虚偽であったことが判明した場合

預
金

4 定期預金はどのような性質の預金か

1 | 定期預金は期限の定めのある消費寄託契約である

　定期預金とは、預入期間があらかじめ確定しており、その間、払戻請求ができず、満期日以降に払い戻すことになる預金のことです。

　すなわち、定期預金は、普通預金と異なり、期限の定めのある消費寄託契約であるといえます。自動継続の約定がない限り、契約期間が経過した後に要求払預金となります。

　定期預金は、金融機関が一定の期間、定期預金に係る資金を運用することができるため、預金者に支払われる利息は普通預金に比して高いことが通常です。

2 | 定期預金の中途解約は注意義務が加重される

　定期預金は、満期日以降に払い戻されるため、預金者が預入期間の途中で解約し、払戻しを請求したとしても、契約上、金融機関はこれに応じる義務はありません。

　しかし、金融機関がこのような中途解約（期日前解約）に応じてはならないわけではないため、実務上、金融機関は**期限の利益**(※)を放棄して、中途解約に応じます。この場合、金融機関としては、当該定期預金の利率よりも低い利率を払うことになります。

　なお、金融機関は、中途解約に応じなければならない義務を負っていないことから、中途解約に応じる場合は、預金者と払戻請求者との同一性の確認につき定期預金の満期における払戻請求や普通預金の払戻請求の場合に比して、より加重された注意義務を負うと解されています（大阪高判昭和53・11・29金融・商事判例568号13頁）。

3 | 定期預金の種類には以下のようなものがある

　定期預金の種類は各金融機関によって異なりますが、おおむね以下の
種類のものがあります。

①　自動継続定期預金

　満期日までに申出がなければ自動的に同じ条件で継続されるもので
す。

②　期日指定定期預金

　預入れの際に満期日を定めず、一定の期間内に期日を指定して解約
するものです。

③　固定金利型定期預金

　預入期間中、金利が固定されているものです。

④　変動金利型定期預金

　金利が一定の期間ごとに変動するものです。

⑤　自動積立定期預金

　普通預金から定期的に振り替えることによって自動的に積み立てら
れるものです。

☞ **期限の利益**　後記Ⅲ　融資「26 相殺とはどのよう
　　なものか。また、相殺の要件は何か」の用語解説
　　（111 頁）を参照。

Ⅱ

預

金

5 総合口座はどのような性質のものか

1 | 普通預金、定期預金、当座貸越を組み合わせた取引である

　総合口座取引とは、普通預金取引、定期預金取引、および定期預金を担保とする当座貸越取引を組み合わせた複合取引です。さらに国債等を担保とした貸付が行われることもあります。

　総合口座の取引対象は個人に限られています。

　当座貸越金の担保は、定期預金に質権が設定される方法によりなされます。

2 | 普通預金の残高が不足した場合は当座貸越がなされる

　総合口座の具体的な仕組みとしては、普通預金の残高が不足する場合、自動的に一定の金額を限度として当座貸越が実行されます。そして、当座貸越の実行により、貸付金が普通預金口座に入金され、これが普通預金の払戻しに充てられます。

　当座貸越の限度額（極度額）は、定期預金残高の90％または200万円のいずれか少ない金額と規定することが多いです。

3 | 普通預金のみでも取引を開始することができる

　総合口座は、普通預金のみで取引を開始することができます。そして、普通預金の残高が不足した場合に実行される貸越金の担保である質権は、定期預金の預入と同時に自動的に設定されることになります。

4 | 普通預金の解約によって取引が終了する

　通常、普通預金が解約されると、総合口座取引も終了します。一方で、

定期預金が解約されても、普通預金が終了していなければ、総合口座取引は終了しません。

　また、預金者について即時支払事由があったときは、金融機関はいつでも貸越を中止し、貸越取引を解約できるものと総合口座取引規定に規定されていることが一般的です。

5 ｜ 即時支払事由には以下のようなものがある

【金融機関から請求がなくても預金者が即時に支払うべき事由】
① 　支払の停止または破産、民事再生手続開始の申立があったとき
② 　相続の開始があったとき
③ 　貸越金の利息が所定の日に貸越元金に組み入れられることにより、極度額を超えたまま6か月が経過したとき
④ 　住所変更の届出を怠る等により、当該金融機関において所在が明らかでなくなったとき

【金融機関からの請求により、預金者が即時に支払うべき事由】
⑤ 　当該金融機関に対する債務の1つでも返済が遅れているとき
⑥ 　その他債権の保全を必要とする相当の事由が生じたとき

6 当座預金、外貨預金、譲渡性預金とはどのような性質の預金か

1 当座預金は手形・小切手の支払のための預金である

当座預金とは、顧客と金融機関との間で締結された当座勘定取引契約のもとで、小切手・手形の支払のために利用される預金です。

たとえば、預金者がその取引先に小切手を交付し、その取引先が小切手をもって金融機関に支払を求めると、金融機関は預金者の当座預金から払出しを行います。

金融機関が受け取るべき貸付金利息や割引料等は、小切手によらず、当座預金から引き落とすことができますが、預金者が当座預金の払戻しをする場合には、小切手を使用しなければなりません。

当座勘定取引契約の法的性質は、手形・小切手の支払事務等を内容とする委託契約と支払資金となる金銭の消費寄託契約の混合契約であると解されています。

当座預金について、金融機関と預金者は当座貸越契約を締結することがあります。当座貸越契約とは、当座預金に残高がなくとも、預金者に代わり金融機関が一定の貸越極度額までは支払うことをあらかじめ予約するものです。

2 外貨預金は外国通貨建てで預入される預金である

外貨預金は、円貨預金と同じく、その法的性質は、消費寄託契約であり、普通預金、定期預金、当座預金といった種類があります。

外貨預金取引は、為替相場の変動により、預金者がリスクを負うことから、銀行法により金融商品取引法の契約締結前書面の交付義務等一連の行為規制に関する規定が準用されており（銀行法13条の4）、また、

金融サービスの提供に関する法律による重要事項の説明が必要となります（金融サービスの提供に関する法律4条）。

3 譲渡性預金は通常の預金と異なり譲渡できる預金である

　譲渡性預金は、譲渡禁止特約がなく、債権譲渡の方法によって預金債権が譲渡できる預金です。

　譲渡は、**確定日付**(※)のある金融機関所定の譲渡通知書に譲渡人の届出印による記名押印ならびに譲受人の記名押印を行ったものを金融機関に提出し、金融機関が預金証書上に確認印を押して返却するという方法により行われます。

　もっとも、預金証書には、有価証券性が認められず、証拠証券にすぎません。

☞ **確定日付**　後記Ⅲ　預金「21　預金は譲渡できるのか」の用語解説（55頁）を参照。

Ⅱ

預
金

3 預金の受入れ

7 預金として受け入れられるものには何があるか

1 現金、手形・小切手、配当金領収証等がある

　預金の受入対象は、預金規定において、「現金、手形、小切手、配当金領収証その他の証券で直ちに取立のできるもの」と定められていることが一般的です。

　「その他の証券で直ちに取立のできるもの」としては、例示されているもののほか、公社債の利札、郵便為替証書、国庫送金通知書等があります。

　以下では、受入対象となっているものごとに、それぞれ見ていきます。

(1) 現　金

　預金として受け入れることができる現金は、外貨預金を除いて、日本の通貨です。

(2) 証券類

　手形・小切手等の証券類の受入れについて、普通預金規定では、以下のようなことが定められています。

① 　手形要件、小切手要件の白地はあらかじめ顧客が補充することとし、金融機関は補充義務を負わないこと

② 　受け入れた証券類は、受入店で取り立て、その決済を確認したうえでなければその証券類に係る預金の払戻請求に応じることができないこと

③ 　受け入れた証券類が不渡りとなった場合には金融機関は直ちにその通知を届出住所宛に発信するとともにその金額を普通預金元帳から引き落とすこと

　手形・小切手を受け入れる際、金融機関は、金額は所定欄に明確に記

載されているか、裏書は連続しているか、直ちに取立ができるかといった点をチェックします。

2 ｜ 振込や振替による受入れも可能である

(1) 振　込

　預金は振込による受入れも可能です。振込とは、預金口座に一定金額を入金することを内容とする為替業務のことをいいます。

(2) 振　替

　振替とは、金融機関の帳簿上の付替によって預金口座間の資金移動をすることをいいます。

8 受け入れた現金等はどの時点で預金となるのか

1 | 窓口担当者が計算を確認した時点である

　窓口で現金を受け入れた場合の預金の成立時期については、窓口担当者が現金を受け取って計算確認をした時と解されています（下記判決参照）。

> **＜窓口一寸事件＞**（大判大正 12・11・20 法律新聞 2226 号 4 頁）
>
> 　預金者が窓口担当者との間にあるカウンターに現金を置き、預金を申し出たところ、窓口担当者はうなずいたが、しばらく現金に手を触れずに、別の書類作業をしている間に第三者がカウンターに置いてある現金を盗み取ったという事案で、現金が盗まれた時点で預金契約が成立していたか否かが問題となりました。
>
> 　この点につき、大審院は、消費寄託が成立するためには占有の移転が必要であるが、事案の事実関係のもとでは占有の移転があったとはいえないとして、預金契約の成立を否定しました。

2 | 有価証券は決済が確認された時点である

　金融機関は証券類を受け入れたとしても、それはあくまで取立の委任を受けたにすぎず、証券類が実際に支払われた時点で預金が成立するとされています。

　多くの普通預金規定においては、証券類の受入れの時点で入金記帳はなされるものの、受け入れた証券類が不渡りとなったときは預金にはならないこと、および決済を確認したうえでなければ当該預金の払戻しはできないことが規定されています。

　すなわち、証券類については、受入れの時点で入金記帳がなされるが、

それは暫定的なものであって、不渡りとなった場合、その入金記帳は取り消されることになります。

3 ATMの場合はATMの計算終了後である

　預金者がATMの現金投入口に現金を投入し、ATMが現金を計算し終わった時点で預金が成立することになります。

4 振込の場合は振込金を入金記帳した時点である

　被仕向金融機関の受取人の預金口座に振込金が入金記帳された時点で預金が成立すると解されています。

　入金記帳後に仕向金融機関から組戻し（振込依頼人から、振込の取組後に撤回の申出を受けた際にとる手続）の依頼を受けた場合には、すでに預金が成立しているため、受取人の承諾を得てから組戻しに応じる必要があります。

5 振替の場合は振替金が入金記帳された時点である

　振替についても、預金元帳に振替金の入金記帳がされた時に預金が成立すると解されています。

6 集金の場合は預金締結権限の有無で異なる

　現金の場合、集金者に預金契約を締結する権限がある場合は集金時に、集金者に権限がない場合は店舗において受入担当者が入金額を確認した時に、預金が成立すると解されています。

　証券類については、窓口における受入れと同様に、支払われた時点で成立すると解されています。

9 間違って振り込まれた現金も預金となるか

1 被仕向金融機関のミスによる場合には預金は成立しない

　被仕向金融機関が振込金を誤って正当な受取人ではない者の口座に入金した場合、振込による入金とはいえず、そもそも預金は成立していないため、誤入金先は預金債権を取得しないと解されています。

　この場合、被仕向金融機関はその者の了解を得ることなく入金記帳を取り消すことができます。

2 振込依頼人の錯誤による誤振込の場合は預金が成立する

　振込先についての振込依頼人の錯誤に基づき普通預金口座に誤振込がされた事案において、最高裁は、振込依頼人と受取人との間において原因関係が存在するか否かにかかわらず、受取人と銀行との間に預金が成立すると判断しました（最判平成 8・4・26 金融・商事判例 995 号 3 頁）。その理由として以下の 2 点を挙げています。

① 普通預金規定に受取人と銀行との間の普通預金契約の成否を振込依頼人と受取人との間の振込の原因となる法律関係の有無にかからせていることをうかがわせる定めは置かれていない

② 振込が安全、安価、迅速に資金を移動する手段であって、多数かつ多額の資金移動を円滑に処理するため、その仲介に当たる銀行が各資金移動の原因となる法律関係の存否、内容等を関知することなくこれを遂行する仕組みがとられている

3 振り込め詐欺の被害者による振込は救済措置がある

振り込め詐欺の被害者による振込は、振込先について何ら錯誤がない

ことから、振込金が入金記帳された時点で預金は成立することになります。

　もっとも、平成20年6月から施行された「犯罪利用預金口座等に係る資金による被害回復分配金の支払等に関する法律」（いわゆる「振り込め詐欺救済法」）により、被害者の救済を図る制度が新設されました。

　この制度は、金融機関が振り込め詐欺等により資金が振り込まれた口座を凍結し、預金保険機構のホームページで口座名義人の権利を消滅させる公告手続を行った後、被害者の申請を受けて、被害回復分配金を被害者に支払うというものです。

　この場合、被害者に分配される額は、振込先口座が凍結された時点における残高が上限となります。また、被害者に支払われた分配金の残余金は、預金保険機構により管理され、預金口座の名義人の救済や、犯罪被害者の支援の充実のために用いられることになります。

【誤振込による預金の成立】

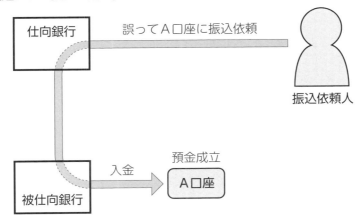

4 預金の払戻し

10 預金の払戻しに応じる場合の留意点は何か

1 預金者本人に払い戻す

預金の払戻しにおいて最も重要なことは、預金者本人（または預金の代理受領権限を有する者）のみに払戻しを行い、それ以外の者に誤って払戻しをしないことです。

金融機関の預金者（または預金の代理受領権限を有する者）以外の者に対する預金の払戻しは、原則として無効です。

2 預金通帳・証書と届出印鑑によって払い戻す

窓口での払戻しの場合には、金融機関は、原則として、①預金通帳または預金証書と②届出印の2つで預金者本人であることを確認する方式をとっています。

これは、預金通帳または預金証書は、通常、預金者本人しか所持せず、また、届出印は大切に保管され、他人に、通常、貸し渡さないという経験則から生まれた方式であると考えられ、金融機関における取引上の慣行にもなっています。

3 印鑑照合は相当の注意をもって行う

印鑑の照合については、預金規定に定めがあり、届け出られている印鑑と相当の注意を持って照合し、相違ないと認めて取り扱った場合には、無権利者に対する払戻しであっても、金融機関が責任を負わないとされ、適正な印鑑照合は、無権利者への払戻しの際の免責のための要件となっています。

印鑑照合の際に必要な注意力の程度としては、金融機関の照合事務担

当者として社会通念上一般に期待されている業務上相当の注意を持って慎重に事を行うことを要するとされています（最判昭和 46・6・10 民集 25 巻 4 号 492 頁）。

　したがって、新入行職員のみで照合を行ったり、習熟した行職員が行う場合であっても業務繁忙を理由に簡単に印鑑照合を済ませたりすると、実際に無権利者へ預金を払い戻してしまった場合には、印鑑照合の際の注意力の程度が不十分であるとして金融機関側に過失が認められ、免責されない可能性があります。

4 便宜払に応じる場合は慎重に対応する

　預金通帳・証書、届出印、またはその両方がない状況であっても、金融機関が預金者の依頼に応じて払戻しに応じることがあり、これを「便宜払」といいます。

　便宜払であっても、預金者本人の意思に基づくものであれば、このような払戻しは有効であり、仮に預金者本人の意思に基づくものでなかったとしても、受領権者としての外観を有する者に対する弁済（民法 478 条。後記 II 預金「12 本人以外の者に預金を払い戻した場合はどのようになるのか」（38 頁）参照）が一律に認められないものではありません。しかし、便宜払を行う場合には過失が認定されやすいため（最判昭和 53・5・1 金融・商事判例 550 号 9 頁参照）、慎重に対応しなければなりません。

II

預
金

11 代理人等に対する払戻しはどのような点に留意すべきか

1 委任状・代理人の本人確認書類等を確認する

　預金者の代理人が払戻しの手続を預金者本人に代わって行う場合には、以下のものが必要となります。

①　預金者本人の預金通帳または預金証書

②　預金者本人の届出印

③　預金者から代理人に対する委任状（届出印を押印したもの）

④　代理人の本人確認書類

　この場合、代理人の払戻しに際して不審な点がある場合には、金融機関が預金者本人に架電する等の方法により、委任の意思等について確認を行うことがあります。

2 配偶者等の場合は事情を聴取し来店者の本人確認を行う

　配偶者や親族（以下「配偶者等」という）であっても、預金者とは別の主体ですから、上記の代理人としての必要書類を提示しない限り、預金者の預金をその配偶者等が払い戻すことはできないのが原則です。

　もっとも、生活費等として配偶者等が少額の払戻しを行う場合であって、来店した配偶者等から預金者本人の氏名および生年月日、同居の有無、本人が来店できない事情等を聴取し、来店者の本人確認書類やこれらの聴取結果等により同居の事実等が確認できた場合には、来店した配偶者等を使者として取り扱い、柔軟に払戻しを行う場合もあります。

3 成年後見人等の場合は成年後見人等であることを確認する

　成年後見人、保佐人、補助人、未成年後見人（以下「成年後見人等」

という）は、本人（被成年後見人、被保佐人、被補助人、未成年者（以下「被成年後見人等」という））の判断能力を補充するために法により認められた代理人（法定代理人）であり、代理権が付与されています（民法859条。保佐人、補助人については当然には代理権が付与されず、家庭裁判所の審判により付与される（同法876条の4・876条の9））。

　そこで、成年後見人等である旨の証明（成年後見に係る登記事項証明書や家庭裁判所の審判書（確定証明書付きのもの））があれば、被成年後見人等の預金の払戻しができます（保佐人・補助人の場合には代理権の付与が認められる場合に限る）。

　もっとも、払戻しの都度、成年後見人等であることを慎重に確認をすることは事務処理の便宜上困難なこともあり、預金者について成年後見人等が選任された場合には、必要な事項について金融機関に対して届出をすべきものとしています。

　また、預金規定には、成年後見等が開始されたときは直ちに届出をすべき旨および届出前に生じた損害について金融機関は責任を負わない旨の規定が置かれています。

　このように、成年後見等の届出を行うことによりその後の成年後見人等による被成年後見人等の預金の払戻しを円滑にするとともに、この届出前にされた払戻しについては金融機関が免責されるという、責任の切り分けがなされています。

II

預
金

12 本人以外の者に預金を払い戻した場合はどのようになるのか

1 | 免責約款と民法478条による救済がある

　預金の払戻しには、預金者本人でない者（無権利者）への払戻しというリスクが常に存在します。無権利者への払戻しについては、大別して以下の2つの救済策が設けられています。

① 預金規定中の免責条項（「〇〇の場合には、当行は責任を負いません。」という規定）による免責

② 受領権者としての外観を有する者への弁済（民法478条）による免責

　もっとも、①の預金規定中の免責条項は、②の受領権者としての外観を有する者への弁済による免責を具体化したものであり、根本的な考え方は同じですので、ここでは、受領権者としての外観を有する者への弁済として、金融機関がどのような場合に免責されるかについて概説します。

2 | 民法478条の適用には善意・無過失が要求される

　受領権者としての外観を有する者への弁済（民法478条）とは、受領権者らしい外観を有する者を受領権者であると過失なく信じて（善意・無過失で）債務を弁済した場合には、真実はその者が無権利者であったときでも、当該弁済が有効となることをいいます。

　預金の払戻しについていえば、預金者らしい外観を有する者を預金者と過失なく信じて払戻しをした場合には、真実はその者が無権利者であったときでも金融機関が行った払戻しが有効とされ、真の預金者に対して二重に支払をする必要がないということになります。

受領権者には債権者の代理人も含まれますから、無権利者が債権者の代理人と称するものであった場合も、本条が適用されます。

この場合の注意義務については、金融機関は、預金の払戻しを受けようとする者の類型に応じて必要な書類等の提示を求め、これらを十分に確認するとともに、適正に印鑑照合を行う必要があります。

3 ATMによる払戻しにおいても民法478条の適用がある

ATMにおける払戻しについては、人が介在しないため、「受領権者であると過失なく信じて」という人の主観面を問題としているようにも見える要件について、どのように解釈するのかが問題となります。

この点、判例は、預金通帳を盗取した第三者が通帳機械払方式による払戻しを受けた場合における当該払戻しの有効性が問題となった事案において、払戻し時における機械の動作の正常性や金融機関の過失の有無のみならず、機械払システムの設置管理の全体についての金融機関の過失の有無をも考慮して判断しました（最判平成15・4・8金融・商事判例1165号7頁）。

そこで、ATMにおける不正利用について、金融機関に過失があるとして預金者へ二重に支払をすることとなる事態を予防するためには、ATMの設置管理全体について、注意義務を尽くしておくことが必要となります。

預
金

13 偽造・盗難カードによって預金が払い戻された場合はどのようになるのか

1 | 預貯金者保護法によって救済される

　偽造・盗難カード等による不正な預金の払戻しについては、預貯金者保護法によって法的な保護が設けられています。

2 | 偽造カードによる払戻しの場合は以下のとおりである

　偽造カードによる払戻しの場合、「受領権限者としての外観を有する者への弁済」（民法478条）は適用されず（預貯金者保護法3条）、当該払戻し等は原則として無効となります。そして、①払戻等が預金者の故意によるとき、または②金融機関が善意・無過失で、かつ預金者に重過失がある場合に限り、当該払戻しは有効となります（同法4条）。

3 | 盗難カードによる払戻しの場合は以下のとおりである

　預金者が金融機関に対して①盗まれたと気づいた後、速やかに（原則として30日以内）、その旨の通知を行ったこと、②遅滞なく、カードを盗まれた状況等について十分な説明を行ったこと、③警察等に被害届等を提出していることを申し出たことを条件に、預金者は金融機関に対して不正に払い戻された金額相当分の補償を求めることができます（預貯金者保護法5条1項）。

　ただし、金融機関が、当該払戻しが不正なものでないこと、または預金者の故意により行われたことを証明した場合には、補償はされません。また、金融機関が当該払戻しについて善意・無過失であること、および預金者の過失を証明した場合は、対象額の4分の3に相当する金額を補償すれば足りることとされています（同条2項）。

さらに、①当該払戻しが預金者の重過失により行われたこと、②預金者の配偶者、二親等内の親族、同居の親族その他の同居人または家事使用人によって行われたこと、または③預金者が金融機関に重要な事項について偽りの説明を行ったことを金融機関が証明した場合は、補償はされません（同条3項）。

　なお、窓口での盗難通帳を用いた不正な払戻し等については、預貯金者保護法は適用されませんが、全銀協の平成20年2月19日付「預貯金等の不正な払戻しへの対応について」に基づく各金融機関の預金規定等によりカード等を用いて行われる不正な機械式払戻しの場合と同様の対応がとられます。

預金の不正引出しに対する保護と主観的要件

預金者の主観	偽造カード等（ATM）	盗難カード等（ATM）	盗難通帳（窓口）
故意	払戻しは有効（補てん なし）	払戻しは有効（補てん なし）	払戻しは有効（補てん なし）
重過失	払戻しは有効（補てん なし）	払戻しは有効（補てん なし）	払戻しは有効（補てん なし）
軽過失	払戻しは無効	払戻しは有効（4分の3 補てん）	払戻しは有効（4分の3 補てん）
無過失	払戻しは無効	払戻しは有効（100% 補てん）	払戻しは有効（100% 補てん）

低　預金者の要保護性　高

《理解のポイント》
① 表に記載の各結論は、金融機関が善意・無過失であることが前提。金融機関が悪意・有過失(軽過失を含む)の場合には、常に払戻し等は無効。
② 預金者が故意・重過失の場合、すべての払戻し等は有効。
③ 盗難カード等(ATM)と盗難通帳(窓口)は同様の保護。ただし、根拠が異なり、前者は預貯金者保護法、後者は各金融機関の預金規定。
④ 偽造と盗難では、偽造の被害を受けた場合の方が預金者がより強い保護を受ける。

5 預金の相続

14 相続制度の概要はどのようになっているか

1 相続財産は原則として相続分に従って相続される

　相続は、死亡によって開始します（民法 882 条）。そして、相続人は、相続開始の時から、被相続人の財産に属した一切の権利義務（被相続人に専属した権利義務を除く）を承継します。

　相続が開始すると、遺言がある場合には当該遺言の内容に従い、遺言がない場合には法定相続分（同法 900 条）に従って相続されます。

2 法定相続人は、配偶者、子、直系尊属、兄弟姉妹である

　法定相続人は、被相続人の配偶者（もしいれば）と血族相続人です。

　配偶者は常に相続人となりますが（民法 890 条）、血族相続人には相続人となるための順位が定められています（同法 889 条）。その順位は、①子、②直系尊属（親等の近い者が優先）、③兄弟姉妹です。

　また、相続人となるべき子・兄弟姉妹が、欠格（同法 891 条）、廃除（同法 892 条）、相続開始以前に死亡していた（同法 887 条 2 項）場合には、その者の直系卑属（被相続人の直系卑属に限る）が相続人となります（これを代襲相続という）。

　子の代襲相続は被相続人の直系卑属に限り何代でも可能ですが、兄弟姉妹の代襲相続は一代限りです。

3 法定相続分は民法900条に定められている

　①　子・配偶者が相続人の場合……それぞれ 2 分の 1 ずつ

　②　配偶者・直系尊属が相続人の場合……配偶者 = 3 分の 2、直系尊属 = 3 分の 1

③　配偶者・兄弟姉妹が相続人の場合……配偶者 = 4分の3、兄弟姉妹 =4分の1

④　子、直系尊属または兄弟姉妹が数人あるとき……子、直系尊属または兄弟姉妹のそれぞれの間の相続分は同等（ただし、父母の一方のみを同じくする兄弟姉妹の相続分は、父母の双方を同じくする兄弟姉妹の相続分の2分の1となる）

4　相続放棄・限定承認は家庭裁判所に申述して行う

　相続人は、必ずしも被相続人から権利義務を承継する必要はなく、マイナスの財産が多ければ相続を放棄することができます。その場合、自己が相続人になったことを知った時から3か月以内に家庭裁判所に申述して行います（民法915条1項・938条）。

　なお、相続の放棄をした者は、その相続に関しては、初めから相続人とならなかったものとみなされます（同法939条）。

　限定承認とは、相続財産の限度においてのみ被相続人の債務を弁済すべきことを留保して相続の承認をすることをいい、これは共同相続人全員が共同して家庭裁判所に申述する必要があります。

　相続の放棄も限定承認もなされない場合には、無限に被相続人の権利義務を承継する単純承認がなされたものとみなされます（同法920条）。

15 遺産分割前の相続預金の払戻しにはどのように対応するか

1 遺産分割前の払戻しには原則として応じない

　共同相続においては、遺産分割により最終的に処理され、これには、相続人全員による協議分割（民法 907 条 1 項）、または家庭裁判所の調停・審判による分割（同条 2 項）があります。

　ただし、金銭債権や金銭債務のような可分債権・可分債務については、法律上当然分割され各共同相続人がその相続分に応じて権利を承継するものと解されています（最判昭和 29・4・8 民集 8 巻 4 号 819 頁）。

　この点について、従前の判例は、預金債権についても同様に解していましたが（最判平成 16・4・20 金融・商事判例 1205 号 55 頁）、最高裁は、この判例を変更し、預金債権は相続開始と同時に当然に相続分に応じて分割されることはなく、遺産分割の対象となるとしました（最大決平成 28・12・19 民集 70 巻 8 号 2121 頁、最判平成 29・4・6 金融・商事判例 1516 号 14 頁）。

　もっとも、上記最高裁決定に従うと、遺産分割までの間は、共同相続人全員の同意を得なければ預金の払戻しを受けることができないことになります。

　これについては、被相続人が負っていた債務の弁済や共同相続人の生活費の支弁など、被相続人の預金を遺産分割前に払い戻す必要がある場合に支障が生じるとの指摘がなされていました。

2 預金の仮払い制度による払戻しが可能である

　そこで、相続法改正により、家庭裁判所の保全処分として預金債権を仮に取得するための要件が緩和されるとともに（家事事件手続法 200 条

3項)、小口の資金需要に対応するため、家庭裁判所の判断を経なくとも金融機関から預金の払戻しを受けられる仮払い制度が創設されました（民法909条の2）。

　この仮払い制度によって、各共同相続人は、遺産に属する預金債権ごとに、以下の計算式で求められる金額について、他の共同相続人の同意を得ることなく単独で払戻しを請求することができます。

　ただし、1つの金融機関に対して仮払いできる金額は、法務省令により150万円が上限とされています。

【計算式】
単独で払戻しを請求できる額（※金融機関ごとに150万円まで）
＝（相続開始時点の預金債権の額）×（3分の1）×（当該払戻しを受ける共同相続人の法定相続分）

　なお、仮払いによって取得した預金は、遺産の一部分割によって取得したものとみなされます（民法909条の2）。

16 遺言にはどのようなものがあるか

1 自筆証書遺言、公正証書遺言、秘密証書遺言がある

　被相続人は、遺言によって、相続財産を遺贈し、相続分を指定し、相続人に対する遺産分割の方法の指定をすることができます。

　また、遺言執行者を指定して、遺言の執行をしてもらうこともできます。

　遺言の種類としては、①自ら作成する自筆証書遺言、②公証人に作成を依頼する公正証書遺言、③秘密証書遺言という3種類の普通方式遺言があります。そのほか、緊急時に作成される特別方式遺言がありますが、実際に利用されている遺言の大半は普通方式遺言です。

　遺言の作成においては、遺言者の意思を明確化するとともに、遺言書の偽造や変造を防止するために、厳密な方式が定められています。

　従来、自筆証書遺言については、遺言書の全文、日付および氏名を遺言者が自書し、これに印を押さなければならないとされていました（民法968条1項）。しかし、このような全文の自書は、高齢者等にとってはかなりの労力を要するものであり、自筆証書遺言の利用を妨げる原因の1つとなっているとの指摘がありました。

2 相続法改正により自筆証書遺言の「全文自書」要件が緩和された

　そこで、相続法改正により、自筆証書遺言の方式を一部緩和し、自筆証書遺言に相続財産の目録を添付する場合は、その目録については、自書によらずパソコン等によって作成することができるとされました（民法968条2項前段）。

　なお、自書によらない目録を添付する場合、遺言者は、目録の各頁に

署名押印をしなければなりません（同項後段）。

3 | 自筆証書遺言は検認が必要である

　相続が生じた場合には、遺言の執行手続がなされることとなります。まず、遺言を発見した者または保管者は、家庭裁判所に当該遺言を提出して検認を受けなければなりません（民法 1004 条 1 項）。なお、公正証書遺言の場合は不要です（同条 2 項）。

4 | 遺言書保管法による遺言の保管制度がある

　相続法改正と同日に成立した「法務局による遺言書の保管等に関する法律」（以下「遺言書保管法」という）により、自筆証書遺言については、法務局に保管することができるようになりました（令和 2 年 7 月 10 日施行）。

　この自筆証書遺言の保管制度は、第三者の関与なく作成されるという自筆証書遺言の特質にかんがみ、将来の紛争や相続人による隠匿・変造等のリスクを軽減するため、自筆証書遺言を法務局において確実に保管し、相続人がその存在・内容を把握することができる制度として創設されたものです。

　なお、遺言書保管法に基づく自筆遺言証書については検認が不要とされています（遺言書保管法 11 条）。

　遺言の執行については、遺言執行者が指定されている場合にはその者が、指定されていない場合には相続人が、遺言の執行を行います。

預
金

17 遺留分とはどのようなものか

1 相続人に保障された一定割合の相続財産である

　遺言においては、被相続人が、自己との関係その他の要素を斟酌して、自由にその内容を決定することができます。しかしながら、民法は、兄弟姉妹以外の相続人について、被相続人の遺言によっても侵害されない最低限の相続分を留保しており、これを遺留分といいます（民法1042条）。

　したがって、被相続人が遺言の内容を自由に決定したとしても、遺留分の限度で、当該遺言の内容は、事後的な修正を受けることになります。

　具体的には、直系尊属のみが相続人である場合には、被相続人の財産の3分の1（同条1項1号）、直系尊属以外に相続人がいる場合には、被相続人の財産の2分の1（同条同項2号）の範囲で、遺留分権利者は、遺留分に関する権利を行使することができます。

2 遺留分の侵害については遺留分侵害額請求権を行使できる

　遺留分に関する権利は、従前は「遺留分減殺請求権」と呼ばれ、この権利が行使されると、遺贈等は遺留分権利者の遺留分を侵害する限度で失効し、その限度で遺贈等の目的財産についての権利が遺留分権利者に帰属するとされていました。

　しかし、このような効果により目的財産が受遺者等と遺留分権利者の共有となるため、新たな紛争が生じる等の問題が指摘されていたことから、相続法改正により、遺留分に関する権利を行使することによって「遺留分侵害額請求権」という金銭債権が発生するという制度に改められました（民法1046条1項）。

これにより、遺留分権利者は、受遺者に対し、遺留分を侵害された額に相当する金銭を請求することになります。

したがって、預金債権に関して遺留分侵害額請求権が行使された場合であっても、受遺者等は遺留分権利者に対して遺留分侵害額に相当する金銭債務を負担するのみで遺贈等は失効しないため、預金債権の帰属に影響は生じないことになります。

3 遺留分侵害額請求権の行使には時効がある

遺留分侵害額請求権は、遺留分権利者が相続の開始および遺留分を侵害する贈与または遺贈があったことを知った時から1年間行使しないときは、時効によって消滅します。また、相続開始の時から10年間経過した場合も消滅します（民法1048条）。

【遺留分割合】
・相続人が子のみの場合……1／2
・相続人が配偶者と子の場合……配偶者：1／4、子：1／4（複数の場合は、これからさらに等分）
・相続人が配偶者と直系尊属の場合……配偶者：1／3、直系尊属：1／6（2人の場合は等分）
・相続人が直系尊属の場合……1／3
※兄弟姉妹には遺留分が認められていない

---

18 遺言がある場合の相続預金の払戻しはどのようにすべきか

1 遺言の有効性を確認したうえで払戻しに応じる

　被相続人に遺言がある場合には、金融機関は、当該遺言どおりに相続預金を取り扱う必要がありますが、遺言については確認すべき点も多く、また、真正性等をめぐって紛争となることも少なくありません。

　この点について、全国銀行協会が、「預金相続の手続に必要な書類」として、①遺言書、②検認調書または検認済証明書（公正証書遺言以外の場合）、③被相続人の戸籍謄本または全部事項証明書（死亡が確認できるもの）、④その預金の相続人（遺言執行者がいる場合は遺言執行者）の印鑑証明書、⑤裁判所により遺言執行者が選任されている場合は遺言執行者の選任審判書謄本を挙げています（同協会ウェブサイト）。

　もっとも、遺言書保管法に基づき法務局に保管された自筆証書遺言については検認は不要とされていることから（遺言書保管法11条）、②の提出は不要となります。

　なお、検認は、遺言書が法律上必要な方式に従って作成されているか等を確認するものではありませんので、遺言が提出された場合には、金融機関が自ら慎重に確認する必要があります。

2 法定相続分を超えた場合は対抗要件が必要となる

　遺言が「特定の財産（預金）を特定人に相続させる」内容の場合（このような遺言を「特定財産承継遺言」という）、従来の判例では、遺言の効力発生時に当該特定財産は当該特定人に承継され（最判平成3・4・19金融・商事判例871号3頁）、登記等の**対抗要件(※)**を備えなくとも、その権利取得を第三者に主張することができるとされていました（最判

平成 14・6・10 金融・商事判例 1154 号 3 頁）。

　しかし、相続法改正により、この場合の法定相続分を超える部分については、登記等の対抗要件を備えなければ第三者に対抗することができないとされました（民法 899 条の 2 第 1 項）。そのため、本来であれば共同相続人全員で対抗要件を備える必要がありますが、この点、当該債権を承継した相続人が遺言の内容を明らかにして債務者に**確定日付（※）**のある通知をすることにより、当該相続人単独で対抗要件を備えることができるとされました（同条 2 項）。

　したがって、預金の場合には、金融機関は、預金の払戻しに際して、対抗要件の具備状況を確認することが必要になります。

　なお、債権譲渡の場合と同様、受益相続人が債務者以外の第三者に対する対抗要件を取得するためには、確定日付のある証書によって通知することが必要とされます（同条 1 項・467 条 2 項）。

3 ｜ 相続人以外への遺贈の場合は対抗要件が必要である

　特定の預金を相続人以外の第三者に遺贈する特定遺贈の場合は、遺贈義務者（相続人）の債務者（金融機関）に対する通知または債務者（金融機関）の承諾がなければ、受贈者は遺贈による取得を債務者に対抗できないと解されており（最判昭和 49・4・26 金融・商事判例 524 号 41 頁）、紛争予防の観点からも、当該受遺者のみならず、遺贈義務者（相続人全員または遺言執行者（もしいれば））にも払戻手続に関与してもらうほうがよいといえます。

> ☞ **対抗要件**　権利の得喪等の法律関係の効力を相手方または第三者に対して及ぼすことを対抗といい、そのための要件を対抗要件という。
> ☞ **確定日付**　後記 II　預金「21　預金は譲渡できるのか」（55 頁）を参照。

19 相続預金の払戻しにおいて遺言がない場合はどのようにすべきか

1 単独相続の場合は当該相続人に支払う

　単独相続の場合、預金債権は、1人の相続人が承継するので、その者に払戻しを行えば足ります。その際、①預金者の死亡を証明する戸籍（除籍）謄本、②当該預金者の相続人の範囲および払戻請求者が相続人であることを証する戸籍簿の謄・抄本や除籍簿の謄・抄本、③相続人の本人確認のための本人確認資料等を添付のうえ、④所定の相続預金受取書その他の書類を徴求します。

　遺言の有無の確認方法については、裁判例は、特段の事情のない限り預金者である被相続人の遺言の有無については、払戻請求をした相続人に対して一応確かめれば足り、それ以上、別の調査をする義務はないと判示したものがあり（東京高判昭和43・5・6金融・商事判例113号15頁）、金融機関としては、特段の事情のない限り、払戻請求した相続人に対して相続人の範囲や遺言がないこと等の確認を行い、その事実および内容を記録しておけば足りると思われます。

2 共同相続の場合は原則遺産分割協議成立後に支払う

　相続預金の払戻しについては、原則として遺産分割協議が成立した後に、その協議書の提出を受け、払戻しに応じます。

　遺産分割協議成立前においては、共同相続人の合意がある場合、相続預金の仮払い制度に基づく場合以外は、相続預金の払戻しに応じることはできません。

20 相続預金について取引経過開示請求があった場合はどのようにすべきか

1 取引経過開示請求は相続の際に起きる

　預金者は、預金通帳への記帳によるほか、キャッシュカード利用時に随時自己の預金の残高を確認することができます。また、過去の取引経過も、預金通帳により確認することができ、これを紛失・汚損した場合であっても、預金取引経過の開示請求をすることができます。

　このように、預金者自身は、自己の預金の残高や取引履歴を確認することができますが、預金者が死亡し相続が開始した場合には、共同相続人の一部が預金通帳を保有し、他の共同相続人が被相続人の取引内容がわからないといった事態が生じることがあります。

2 相続人は預金契約上の地位に基づいて請求できる

　共同相続人の一部の者からの相続預金の取引経過開示請求の可否について、最高裁は、金融機関は、預金契約に基づき、預金者の求めに応じて預金口座の取引経過を開示すべき義務を負うとしたうえで「共同相続人全員に帰属する預金契約上の地位に基づき、被相続人名義の預金口座についてその取引経過の開示を求める権利を単独で行使することができる」と判示しています（最判平成21・1・22民集63巻1号228頁）。

　そこで、金融機関としては、共同相続人の一部から相続預金の取引経過の開示請求があったときは、開示が必要な理由および開示請求の範囲の説明を請求者に求め、権利濫用（民法1条3項）に該当しない限り、開示に応じることとなります。

II

預金

6 預金の譲渡・差押え

21 預金は譲渡できるのか

1 預金には譲渡制限特約が付いている

　預金に関する権利も債権の一種ですので、自由に譲渡できるのが原則です。しかし、現実には、譲渡性預金を除き、預金規定において、預金契約上の地位その他の一切の権利および通帳については、譲渡・質入れその他の第三者の権利の設定や利用が禁止されています（譲渡制限特約）。

　その理由としては、以下のような点が挙げられます。

① 　預金に関する権利が自由に譲渡できるとすれば、本当にそのような譲渡があったのかを確認することが困難である

② 　日々大量かつ反復して生じる預金に関する取引については、取引の定型性（常に同じような処理で安全かつ安定的に処理できること）も重要な要素であり、自由に譲渡ができるとすれば、預金の名義人ではない者が払戻しを請求した場合に個別に確認する必要が生じ、事務処理が煩雑になる

③ 　金融機関の債権の保全が困難となる

　もっとも、金融機関が承諾した場合には譲渡は有効であり、また裁判所の差押・転付命令があった場合には、譲渡制限特約付きの債権であっても移転の効力が生じます（民法466条の5第2項）。

2 譲渡の手続は民法の債権譲渡の規定に従って行う

　預金を譲渡する際の成立要件および対抗要件は、民法の債権譲渡の規定に従います。その成立要件は、譲渡当事者間の合意です。そして、債務者（金融機関）に対する対抗要件は、預金者が金融機関に通知するか、

金融機関が預金者に対し承諾することです（民法467条1項）。

　第三者に対する対抗要件は、これらの通知または承諾が**確定日付(※)**ある証書（例：内容証明郵便や公証人の確定日付印を押捺した書面）によってなされることです（同条2項）。

　ただ、預金には譲渡制限特約が付されているため、単に金融機関に対し通知することによって譲渡することはできず、実際には、金融機関が承諾した場合に限られます。

　具体的な譲渡手続としては、預金の譲渡人（従来の預金者）と譲受人（新たな預金者）の連名による預金譲渡承諾依頼書（正副2通）の提出を受け、副本に金融機関が承諾文言を記載して署名して、これを交付します。この際、金融機関は、譲渡人の譲渡の意思を確認するとともに、譲渡人に対する反対債権の有無や相殺の可能性を確認したうえで承諾するか否かを判断することになります。

II

預
金

☞ **確定日付**　証書の作成日について、完全な証拠力があると法律上認められている日付のことをいう。たとえば、公正証書の日付、私署証書にされた公証役場の日付印等がある（民法施行法5条）。

22 差押命令・転付命令とはどのようなものか

1 差押えは物や債権の処分を禁止する裁判所の命令である

　預金債権に対する差押えは、大別して、①民事執行法に基づく差押え、②民事保全法に基づく仮差押え、③租税滞納処分としての差押えがあります。

　民事執行法に基づく差押えについて、預金債権に対する差押えの場合には、まず**第三債務者**(※)である金融機関に差押命令が送達され、次に債務者である預金者に送達されます。その内容は、預金者に対して預金の払戻しを禁止し、金融機関に対して預金者への払戻しを禁止するものです（民事執行法145条1項）。

　差押えの効力は、差押命令が第三債務者に送達された時に生じます（同条5項）。

　そして、差押債権者は、預金者に差押命令が送達された日から1週間を経過したときは、執行の取下げ・取消しや執行停止命令のない限り、その預金債権を取り立てることができます（同法155条1項）。

　もっとも、定期預金の満期日前に取立請求を受けても金融機関はこれに応じる義務はありません。

　なお、金融機関が取立を受けたときは差押債権者に当該預金に係る証書や通帳の提出を求めることができますが、提出がないことをもって支払を拒むことはできません。

2 差押えが競合したときは供託しなければならない

　「差押えの競合」とは、同一の預金に対し、複数の差押えが重複することをいい、ある預金の一部に対し差押えが複数あった場合、差し押え

られた預金額を合計してもその額が預金残高の範囲内であれば、差押え
の競合にはなりません。

　差押えが競合した場合、金融機関はその預金の全額を供託しなければ
なりません（義務供託、民事執行法156条2項）。

　なお、差押えが競合しない場合も金融機関は供託することができます
（権利供託、同条1項）。

3 ｜ 転付命令は金銭債権を差押債権者に移転させる命令である

　転付命令は、差押命令と同時またはその後に発せられる別の命令で、
差し押さえた金銭債権を差押債権者に転付する、すなわち、裁判所の命
令によって、強制的に、債務者（預金者）が第三債務者（金融機関）に
対して有する債権を債務者から差押債権者に移転させるものです（民事
執行法159条1項）。

☞ **第三債務者**　債務者にとっての債務者という意味。
　　たとえば、預金者が債権者から預金債権の差押
　　えを受けた場合、金融機関は差押債務者（預金
　　者）に対して預金債務を負っているため、金融機
　　関が第三債務者となる。

23 差押債権の特定とはどのようなことか

1 差押えに必要な債権の種類・額等を特定することである

　預金債権の差押え・仮差押えのためには、「債権の種類及び額その他の債権を特定するに足りる事項」を記載しなければなりません（民事執行規則 133 条 2 項、民事保全規則 19 条 2 項 1 号）。

　この場合、債務者が預金口座を有している金融機関は判明しているものの、支店が判明していない場合に、債権者としてどの程度の特定をすれば足りるのかが問題となります。

　この点について、大規模な金融機関の取扱店舗を一切限定せずに、「複数の店舗に預金債権があるときは支店番号の若い順序による」とする、いわゆる全店一括順位付方式については、特定を欠くとされています（最決平成 23・9・20 金融・商事判例 1376 号 15 頁）。

　また、大規模な金融機関の具体的な店舗を特定することなく、「預金債権額の最も大きな店舗の預金債権を対象とする。なお、預金債権額合計の最も大きな店舗が複数あるときは、そのうち支店番号の最も若い店舗の預金債権を対象とする」という、いわゆる預金額最大店舗方式についても、特定を欠くとされています（最決平成 25・1・17・金融・商事判例 1412 号 8 頁）。

2 第三者からの情報取得手続によって債権の特定ができる

　上記のように、差押えをするには差押債権の特定が必要となりますが、債務者の預金情報は債権者にはわからないことが通例であり、**債務名義**（※）を取得しても債務者の預金を特定できず、結果として預金を差し押えることができないという場合が多々あります。

この点について、令和元年5月17日公布の民事執行法の改正により、第三者からの情報取得手続制度が新設されたことによって、差押えに必要な預金の特定についてもこの手続を利用することが可能となりました（改正民事執行法207条・208条。令和2年4月1日施行）。

　手続の流れは、以下のとおりです。

① 債務名義を有する債権者が裁判所に申立を行う

② 裁判所は、申立に基づき金融機関に対して預金情報の提供を命じる

③ 金融機関は、書面で預金の情報を裁判所に提供する

④ 裁判所は、その預金情報が記載された書面のコピーを債権者に送付し、かつその旨を債務者にも通知する

　債権者は、この手続によって特定された預金を差し押さえることができます。

　この手続が新設されたことにより、金融機関は、裁判所から預金情報の提供命令が届いたときには、適切に対応することが求められます。

☞ **債務名義**　後記Ⅲ　融資「23 弁済はどのようなことをいうのか」の用語解説（105頁）参照。

24 税金の滞納による差押命令とはどのようなものか

1 国税徴収法に基づく差押命令である

　租税滞納処分による差押えは、租税公課を滞納した者に対して、徴収官吏が行う強制換価手続の１つであり、国税の場合は国税徴収法に基づいて行われます。

　債権の滞納処分は、徴収職員が作成した債権差押通知書を第三債務者に送達する方法でなされ（国税徴収法62条1項）、その内容は民事執行法に基づく差押命令とほぼ同様であり、差押えの効力は差押命令が第三債務者に送達された時に生じます（同条2項・3項）。

　地方税や他の租税公課の滞納処分も、国税徴収法の例によってなされます。

2 差押命令の送達時点で取立権が生じる

　民事執行法に基づく差押命令は第三債務者に送達された日から1週間経過後に取立権が発生しますが、滞納処分による差押命令については、徴収職員は、差し押さえた債権を即時に取り立てることができます（国税徴収法67条1項）。

　徴収職員は、預金の額が徴収すべき国税の額を超えるときでも、預金全額を差し押さえるのが原則であり、滞納額を超えて取り立てることもできますが、全額の差押えの必要がないと認める場合には、預金の一部を差し押さえることもできます（同法63条ただし書）。

25 預金の消滅時効はどのようになっているか

1 金融機関は預金について消滅時効を主張できる

預金の払戻しに関する権利（消費寄託契約に基づく預金の返還請求権）についても債権である以上、消滅時効（以下、単に「時効」という）に関する規定が適用され、金融機関はこれを**援用(※)**することができます。

2 預金の時効期間は以下のとおりである

預金者が預金返還請求権を行使できることを知った時から5年間、また預金返還請求権を行使できる時から10年間行使しないときは、預金は時効によって消滅します（民法166条1項）。

債権法改正前民法においては、商人たる銀行の預金であれば商事債権として5年（債権法改正に伴う改正前商法522条）、信用金庫・信用組合等の非商人における預金であれば預金者が商人でない場合は民事債権として10年（債権法改正前民法167条1項）とされていましたが、改正後の民法では両者の差異はなくなりました。

3 時効の起算点は預金の種類によって異なる

時効は権利を行使できる時から進行しますが、預金について時効が開始する時（時効の起算点）は各預金によって異なります。

各預金の時効の起算点は以下のとおりです。

① 普通預金……最終の入出金時

② 当座預金……当座勘定取引契約終了時

③ 通知預金……据置期間満了時

II

預
金

④　定期預金……預入期間満了時

　なお、自動継続定期預金は、満期日までに預金者から継続停止の申出がない限り、前回と同一期間の定期預金が作成されるという特約のついた定期預金ですので、預金者から解約の申出がなされたこと等により、以降自動継続の取扱いがされることのなくなった満期日の到来日が時効の起算点となります（最判平成 19・4・24、最判平成 19・6・7 金融・商事判例 1277 号 51 頁）。

> ☞ **時効の援用**　時効の援用とは、時効の完成（時効期間が経過したこと）によって利益を受ける者が、時効の完成を主張することをいう。

融　資

1　融資の種類

1 証書貸付とはどのような形態の融資か

1　証書貸付は金銭の消費貸借契約である

　証書貸付とは、貸付契約を締結する際に、取引先から契約証書を差し入れてもらう貸付のことです。

　証書貸付の法的性質は、金銭の消費貸借です。

2　諾成的金銭消費貸借契約は当事者の書面による合意によって成立する

　債権法改正前の民法では、消費貸借契約は、相手方に金銭その他の物を交付することによって成立する要物契約とされていましたが、改正後の民法では、消費貸借契約は原則として要物契約であるものの（民法587条）、書面・電磁的記録による消費貸借契約については諾成契約とされました（同法587条の2第1項）。このため、貸付金の交付がなされなくても、合意の時点で契約の効力が生じることになります。

　もっとも、書面等による消費貸借契約であっても、当事者間の合意によって金銭の交付によって初めて効力が生じる要物契約とすることは可能です。

　また、諾成的消費貸借契約は、借主が貸主から金銭その他の物を受け取る前に当事者の一方が破産手続開始の決定を受けたときは効力を失うこととされていますが（同条3項）、金融機関としては破産以外の場合であっても金銭交付前に借主の信用が悪化した場合に貸す義務を負わないよう、一定の前提条件を満たす場合のみ貸付義務を負う旨を定めることが一般的です。

3 | 契約証書の作成は私署証書によるのが一般的である

　金銭消費貸借契約証書の作成は、公証人が公証人法に基づき作成する公正証書による場合と、契約当事者で作成する私署証書による場合とがあります。

　公正証書は私署証書よりも強い証明力を有するとともに、執行認諾文言が記載してあれば、判決がなくとも強制執行が可能となります。ただ、実務では私署証書で作成するのが一般的です。

4 | 収入印紙のない契約証書も有効である

　金銭消費貸借契約証書は、課税文書（1号文書）に該当するため、収入印紙を貼付する必要があります（印紙税法8条1項）。金銭消費貸借契約証書に所定の収入印紙が貼付されていない場合、証書の作成者は、過怠税を徴収されることになりますが（同法20条1項）、証書の効力には何ら影響を及ぼさないため、貸付契約は有効に成立します。

【証書貸付】

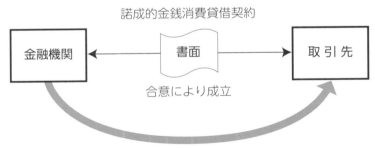

2 手形貸付とはどのような形態の融資か

1 手形貸付の法的性質は証書貸付と同じ消費貸借契約である

　手形貸付とは、契約証書の代わりに、あるいは契約証書とともに、取引先から、金融機関を受取人とし、貸付金額を額面とする約束手形を差し入れてもらう貸付のことです。

　手形を差し入れてもらう意味は、支払の担保および取引先の債務の履行の手段を確保する点にあります。

　手形貸付の法的性質は、証書貸付と同様に金銭の消費貸借契約です。

2 金融機関は手形債権と貸付債権の双方を有する

　手形貸付においては、取引先から手形の差入れを受けることによって、金融機関は、取引先に対し、金銭消費貸借契約上の債権である貸付債権と手形債権とを併せもつことになりますが、そのいずれを先に行使するかは、金融機関の任意とされています（大判大正5・9・20民録22輯1816頁、銀行取引約定書2条）。

　ただし、一方の債権を行使し満足を得た場合には、他方の債権は消滅することになります。

3 手形の満期は弁済期日に合わせて書き換えられる

　手形貸付における手形の満期は、原則として融資の弁済期日と一致していますが、必ずしも貸付金の返済期限と一致している必要はありません。

　貸付期間が長期にわたるものについては、3～6か月程度のサイトで弁済期限まで順次手形の書替えが行われることもあります。

手形の書替えを行う際は、手形の書替えが**更改**(※)（民法513条）あるいは**代物弁済**(※)（同法482条）とみなされて融資に伴う保証や担保が消滅することのないよう、書替済みの旧手形を取引先に返還しないなどの措置を講じる必要があります。

【手形貸付】

手形債権
貸付債権 }を併有

☞ **更改**　旧債務を消滅させ、代わりに新しい債務を
　　生じさせる契約をいう。
☞ **代物弁済**　本来の給付に代えて他の物を給付する
　　ことをいう。たとえば、金銭の給付に代えて動産
　　を給付すること等をいう。

融
資

3 手形割引とはどのような形態の融資か

1 手形金額から利息を引いた額で手形を買い取るものである

　手形割引とは、金融機関が満期未到来の商業手形を、額面から満期日までの金利相当分（割引料）を差し引いた金額で割引依頼人から買い取る取引です。

　手形割引は、買戻債務を負担することを条件として満期日前に手形を現金化できる点において、貸付と同様、与信としての機能を有しています。

2 手形割引の法的性質は手形の売買である

　手形割引の法的性質は、手形の売買であると解されており（最判昭和48・4・12金融・商事判例373号6頁）、銀行取引約定書も同様の立場をとっています。

　なお、銀行取引約定書は、手形取引約定書としての性格を有しており、手形割引・手形貸付に特有な条項が盛り込まれていますので（銀行取引約定書6条・8条等）、これらの取引については他の約定書を徴求せずに行うことができます。

3 手形が不渡りになった場合は遡求権と買戻請求権を行使できる

　金融機関は、支払期日に手形の主債務者（約束手形の振出人、為替手形の引受人）に手形を呈示して支払を受けることにより交付した資金の回収を行うことになります。

　手形の主債務者から支払を受けられなかった場合、割引依頼人（裏書人）に対して**遡求権（※）**を有することになりますが（手形法77条1項

4号・43条)、遡求権には手形法上の制約があるため、金融機関は、銀行取引約定書の手形買戻条項に基づき、割引依頼人に対して手形の**買戻請求権**(※)を取得できるようにしています。

4 │ 一定の事由が生じた場合も買戻請求権を行使できる

　割引手形の買戻請求権は、手形の主債務者が期日に支払わなかったときのほか、割引依頼人や手形の主債務者について破産手続開始の申立がある等、銀行取引約定書5条1項各号の事由(期限の利益の当然喪失条項)が生じたとき等にも発生します。この場合、割引依頼人は、割引手形の買戻債務を負担し、直ちに弁済しなければなりません(同約定書6条)。

　割引手形の買戻請求権は、金融機関と割引依頼人との間の特約に基づく手形外の権利ですから(大阪高判昭和37・2・28判例時報306号25頁)、割引依頼人以外の者(手形の主債務者や中間裏書人)に対しては行使することができません。

☞ **遡求権**　後記Ⅳ　手形・小切手「8 手形の支払呈示期間はどのようになっているか」の用語解説(137頁)参照。

☞ **手形の買戻請求権**　手形を割り引いた金融機関が、割引依頼人や手形の主債務者に信用不安に関する一定の事由が生じた等の場合に、割引依頼人に対して手形の買戻しを請求できる権利のことをいう。

Ⅲ

融資

1 当座預金残高が不足した場合に立替払いをする

　当座貸越契約とは、当座預金の支払資金を超えて支払呈示された手形・小切手等を、あらかじめ定めた極度額まで金融機関が立替払いする取引です。

　当座勘定取引においては、取引先が支払資金を当座預金に準備し、金融機関に対して手形・小切手等の支払委託を行っていますが、当座貸越契約の成立によって、金融機関は、取引先に対し、手形・小切手等が支払呈示されたときに当座預金の残高が不足していても、貸越極度額までは資金を立て替えて、その支払をなすべき融資義務を負担することになっています。

　したがって、当座貸越においては、融資は当座預金の残高不足時に自動的に行われ、また弁済充当も当座預金への入金から自動的に行われます。

2 当座貸越の法的性質は消費貸借の予約である

　当座貸越の法的性質は、金銭消費貸借契約の予約（民法559条・556条）と解されています。

　当座貸越の場合、銀行取引約定書のほか、当座貸越に特有な条項を定める当座勘定貸越約定書を徴求します。同約定書によると、金融機関は、裁量により貸越極度額を超えて手形・小切手等の支払をすることができます。

　この場合、取引先は、金融機関から請求があり次第直ちに極度額を超える金額を支払わなければならないこととなりますが、貸越金全額につ

いて支払義務を負うものではありません。

　貸越金がある場合には、当座勘定に受け入れ、または振り込まれた証券類（取立のため受け入れた手形・小切手等）は、その貸越金の担保として金融機関に譲渡されたものとみなされます。

3 ｜ 当座貸越は当座勘定取引に付帯する与信取引である

　当座貸越とは、本来、上記のような当座勘定取引に付帯する当座勘定貸越契約に基づく与信取引のことをいい、当座勘定取引が終了すれば、当座貸越契約も同時に終了します。

　しかしながら、当座勘定取引の存在を前提とせず、金融機関が一定の限度まで貸越をする契約のことを「当座貸越」ということもあります。

Ⅲ

融
資

5 その他どのような融資がある か

1 │ コミットメントラインとは一定枠で借入れができる融資である

　コミットメントライン契約とは、取引先が金融機関に対して手数料（コミットメントフィー）を支払うことによって、一定の期間、一定の融資限度枠を設定し、その枠内でいつでも借入れを行うことができる権利を金融機関が取引先に付与し、金融機関が融資義務を負担するという契約です。

2 │ 支払承諾は取引先の第三者への債務を保証する取引である

　支払承諾とは、取引先が金融機関に対して保証料を支払うことによって、取引先が第三者に対して負担する債務または第三者との取引によって一定期間に生じる債務を保証することを金融機関に委託し、金融機関が委託に基づき保証を行うというものです。

　支払承諾の法的性質は、民法上の委託を受けた保証であり、取引先の信用を補完するものとして、与信取引の一種として取り扱われています。

　支払承諾の場合、銀行取引約定書のほか、支払承諾に特有な条項を定める支払承諾約定書を徴求し、具体的な支払保証委託契約の締結に際しては、個別に支払承諾依頼書を受け入れます。

6 銀行取引約定書にはどのような役割等があるか

1 銀行取引約定書は融資の基本約定書である

　銀行取引約定書は、銀行と取引先との間の融資取引の基本約定書です。これは、銀行の取引先に対する融資義務を直接発生させるものではなく、取引先との間で具体的な融資取引が行われた場合に適用される基本的なルールを定型的に定めたものです。

　銀行取引約定書は、融資取引に関するものであり、「銀行取引」との表記がされていますが、預金取引や為替取引については適用されません。

2 銀行取引約定書は各金融機関で独自に作成している

　銀行取引約定書は、昭和37年8月に全国銀行協会によってひな型が制定されましたが、その後、公正取引委員会から、「ひな型」について「銀行間の横並びを助長するおそれがある」との指摘を受けたため、平成12年4月にひな型が廃止されました。

　各金融機関は、各自の銀行取引約定書等を制定していますが、本書においては、旧ひな型の内容に基づき解説をします（以下、旧ひな型を単に「銀行取引約定書」という）。

　なお、銀行取引約定書については、当事者間の協議による修正も想定されるため、定型約款（民法548条の2）に該当しないと解されています。

Ⅲ

融
資

3　融資取引の相手方

7

自然人と取引する場合の留意点は何か

1 ┃ 意思能力・行為能力の有無を確認する

　自然人とは、法人に対する言葉です。自然人と取引を行うには、当該自然人が権利義務の主体となる資格（権利能力）、法律行為を単独で有効になしうる能力（行為能力）、自己の行為の結果を認識し判断することができる能力（意思能力）を有し、具体的な取引を行う意思があることが必要です。

　ただ、実際に問題となるのは、行為能力の有無です。

2 ┃ 制限行為能力者とは行為能力を制限された者である

　民法は、行為能力が制限される制限行為能力者として、①未成年者（民法4条）、②精神上の障害により事理を弁識する能力を欠く常況にある成年被後見人（同法8条）、③事理弁識能力が著しく不十分である被保佐人（同法12条）、④事理弁識能力が不十分である被補助人（同法16条）を定めています。

3 ┃ 未成年者との取引は親権者の代理または同意が必要である

　未成年者と融資取引を行う場合には、法定代理人である親権者（親権者がいないときは未成年後見人）を代理人として行うか（民法824条）、親権者の同意を得ることを要します（同法5条1項）。

　親権は、父母の婚姻中は父母が共同して行わなければなりませんが（同法818条3項）、一方が共同の名義で親権を行使することは可能です（同法825条）。

4 | 成年被後見人の場合は成年後見人が取引の相手方となる

　成年被後見人は、日用品の購入その他日常生活に関する行為以外の法律行為については行為能力を有せず、成年被後見人が自ら行った法律行為は取り消すことができます（民法9条）。

　そのため、成年被後見人と融資取引を行うときは、成年被後見人の財産に関する法律行為について包括的な代理権を有している成年後見人（同法859条1項）を相手方としなければなりません。

5 | 被保佐人との取引は保佐人の同意が必要である

　被保佐人が借財をするには、保佐人の同意を得ることを要します（民法13条1項2号）。したがって、保佐人の同意を得れば、被保佐人本人と融資取引を行うことができます。

　保佐人は、当然に代理権を有するものではありませんが、特定の法律行為について保佐人に代理権を付与する審判がなされると、その法律行為については代理権を有することになります（同法876条の4第1項）。

6 | 被補助人との取引は原則補助人の同意が必要である

　被補助人の場合、審判で定められた特定の法律行為については、補助人の同意を得ることを要しますが（民法17条1項）、融資取引については、同意を得ることを要するものとして指定されるのが通例です。

Ⅲ

融資

8

各種法人と取引する場合の 留意点は何か

1 法人には社団と財団の2種類がある

　法人は、一定の目的のために結集した人の集団（社団）や一定の目的のために結合された財産（財団）について、法が団体自体に人格（法人格）を付与し、権利義務の主体となることを認めたものです。

　したがって、法人と融資取引を行う場合、実際には法人を代表する機関である代表者を相手として取引を行う必要があります。

2 株式会社との取引の相手方は代表取締役である

　株式会社との融資取引は、代表取締役が選定されている場合には代表取締役を、選定されていない場合には取締役を相手方としなければなりません（会社法349条1項・4項）。

　取締役会を設置している株式会社では、取締役会が取締役の中から代表取締役を選定しなければならないため（同法362条3項）、取締役会設置会社と融資取引を行うときは、代表取締役を相手方としなければなりません。

　ただし、重要な財産の処分や多額の借財については、重要な業務執行として取締役会において決議すべきものとされています（同条4項1号・2号）。必要な取締役会の決議を経ないで取引がされたとしても、その行為の効力は原則有効であるものの、取引の相手方が決議を経ていないことを知り、または知ることができた場合は無効とされるため（最判昭和40・9・22民集19巻6号1656頁）、金融機関としては、決議を経たことを確認するために取締役会議事録を徴求する必要があります。

3 ┃ 一般社団法人との取引の相手方は代表理事または理事である

　一般社団法人との融資取引は、代表理事が選定されている場合には代表理事を、選定されていない場合には理事を相手方としなければなりません（一般社団法人及び一般財団法人に関する法律77条1項・4項）。

　理事会を設置している一般社団法人では、理事会が理事の中から代表理事を選定しなければならないため（同法90条3項）、理事会設置一般社団法人と融資取引を行うときは、代表理事を相手方としなければなりません。

　重要な財産の処分や多額の借財について理事会において決議すべきものとされていることは、株式会社の取締役会の場合と同様です（同条4項1号・2号）。

4 ┃ 一般財団法人との取引の相手方は代表理事である

　一般財団法人は、理事会の設置が必須のため（一般社団法人及び一般財団法人に関する法律170条1項）、代表理事を相手方としなければなりません。

　また、多額の借財については理事会の決議が必要となります（同法197条・90条4項2号）。

法人の種類		取引の相手方
株式会社	取締役会設置会社	代表取締役
	取締役会非設置会社	取締役または代表取締役
一般社団法人		理事または代表理事
一般財団法人		代表理事

4 担 保

9

担保にはどのような意義・性質があるか

1 | 担保は債権回収を確実にする手段である

担保とは、融資取引において、金融機関が確実に債権の回収を図るために講じる手段のことです。

金融機関は、融資取引を行うに際し、資産や収益力等の取引先の信用力を審査しますが、融資を実行した後に取引先が業況の悪化等を理由に債務を弁済できなくなる可能性があります。

そこで、万一、取引先が信用不安に陥った場合に優先的に融資の全額を回収できるよう、取引先の財産に担保権を設定する等、確実に債権の回収を図るための手段を講じる必要があり、この点に担保を徴求する意義があります。

2 | 担保には典型担保と非典型担保がある

担保は、民法上、担保物権として規定される典型担保（質権、抵当権、留置権、先取特権）と、民法上担保として法定されているわけではないが担保の機能を果たす非典型担保（譲渡担保、仮登記担保等）に分けられます。

3 | 担保には法定担保物権と約定担保物権がある

さらに、担保は、一定の要件のもとに法律上当然に成立する法定担保物権（留置権、先取特権）と、当事者が契約によって設定する約定担保物権（質権、抵当権等）とに分けられます。

4 │ 担保には以下のような性質がある

(1) 不可分性

　担保権者は、被担保債権全額の弁済を受けるまで、目的物の全部について
いてその権利を行うことができるという性質です。

(2) 物上代位性

　担保目的物の売却、賃貸、滅失または損傷によって目的物の所有者が
受けるべき金銭その他の物、および目的物に設定した物権の対価に対し
ても、担保権者が優先権を行使できるという性質です。

(3) 付従性

　担保物権の発生には、被担保債権の存在を必要とし（成立に関する付
従性）、当該被担保債権が消滅すれば、担保物権もまた消滅する（消滅
に関する付従性）という性質です。

(4) 随伴性

　被担保債権が譲渡されると、担保物権もこれに伴って移転するという
性質です。

```
法定担保物権 ─┬─ 留置権…債務の弁済を受けるまで債務者の物を留置でき
　　　　　　　　　　　　　る担保権
　　　　　　　　└─ 先取特権…法律の規定により債務者の財産から優先的に
　　　　　　　　　　　　　弁済を受けることができる担保権

約定担保物権 ─┬─ 質　権…債務の弁済がない場合に担保として債務者から
　　　　　　　　　　　　　提供された物から優先的に弁済を受けることが
　　　　　　　　　　　　　できる担保権
　　　　　　　　├─ 抵当権…担保不動産を債務者等に占有使用させたまま設
　　　　　　　　　　　　　定する担保権
　　　　　　　　├─ 譲渡担保権…担保物件の所有権を債権者に移転させ、弁済
　　　　　　　　　　　　　があった場合にその権利を戻すという担保権
　　　　　　　　└─ 仮登記担保権…債務の弁済がなかった場合には所有権を
　　　　　　　　　　　　　移転させる旨の契約をし、その権利を仮
　　　　　　　　　　　　　登記するという担保権
```

10 抵当権とはどのような担保か

1 設定者が抵当不動産を引き続き使用できる担保である

抵当権は、抵当権設定者である債務者が占有を移転しないで債務の担保に供した不動産について、抵当権者である債権者が他の債権者に先立って自己の債権の弁済を受ける権利です（民法369条1項）。

なお、抵当権は、債務者以外の第三者も設定することができます。この場合の第三者を「物上保証人」といいます。

抵当権は、抵当権者である債権者と抵当権設定者である債務者との間で締結され、抵当権設定者は、抵当権設定後も引き続き抵当不動産を占有して使用することができるため、利用価値の高い担保権といえます。

抵当権は、同一の債権を担保するために数個の不動産に設定することができます（同法392条1項）。このような抵当権を共同抵当権といいます。

抵当権は、債権に対する随伴性を有していますので、その被担保債権が第三者に譲渡されれば、抵当権も譲受人に移転します。

2 抵当権の第三者対抗要件は登記である

抵当権は、登記をしなければ第三者に対抗することができないため、不動産登記簿に設定登記をすることによって第三者対抗要件を具備します。

また、同一の不動産について数個の抵当権が設定されたときは、その抵当権の順位は、登記の前後によります（民法373条）。

なお、登記記録の権利部は、甲区および乙区に区分されており、甲区には所有権に関する登記の登記事項が記録され、乙区には抵当権などの

所有権以外の権利に関する登記の登記事項が記録されます。

3 | 抵当権の効力は付加物・従物にも及ぶ

　抵当権は、原則として、抵当権の上に存する建物を除き、その目的である不動産に付加して一体となっている物にその効力が及びます（民法370条）。また、従物（建物の場合、畳、ドア、窓等）（同法87条2項）や従たる権利にも及ぶものと解されています。

　借地権は、その建物所有権に付随し、これと一体となって1つの財産的価値を形成しているものであるから、建物に抵当権が設定された場合には、その効力は原則として借地権にも及ぶものと解されています（最判昭和40・5・4民集19巻4号811頁）。

　抵当権により優先弁済を受ける範囲は、被担保債権の元本と利息・遅延損害金ですが、利息・遅延損害金の範囲は、最後の2年分（競売による配当時から遡って2年分）に限られます（同法375条）。

III

融
資

11 根抵当権とはどのような担保か

1 一定の範囲に属する不特定の債権を担保するものである

抵当権（普通抵当権）が特定の債権を担保するために設定されるのに対し、根抵当権は、一定の範囲に属する不特定の債権を極度額の限度において担保するために設定されるものです（民法 398 条の 2 第 1 項）。

個人向けの住宅ローンのように 1 回限りの融資を担保するのであれば通常の抵当権で十分ですが、会社との取引において継続的に融資を行う場合には、根抵当権が利用されます。

判例上、被担保債権の範囲を「信用金庫取引による債権」として設定された根抵当権の被担保債権には、信用金庫の根抵当債務者に対する保証債権も含まれていると解されています（最判平成 5・1・19 民集 47 巻 1 号 41 頁）。

2 被担保債権の範囲を定める必要がある

被担保債権の定め方として、以下の 4 つがあります。
① 特定の継続的取引
② 一定の種類の取引
③ 特定の原因に基づいて債務者との間に継続して生じる債権
④ 手形・小切手上の債権

3 極度額を定める必要がある

根抵当権設定契約において極度額を定める必要があり、この極度額を限度として、元本、利息、損害金のすべてについて根抵当権の目的不動産の換価代金から優先的に弁済を受けることができます。

4 | 確定前の根抵当権には付従性・随伴性がない

　確定前の根抵当権は、債権に対する付従性・随伴性を有していないので、被担保債権が存在・成立しなくても根抵当権は成立し、被担保債権が第三者に譲渡されても根抵当権は譲受人に移転しません（民法398条の7第1項）。さらに、被担保債権がすべて消滅しても根抵当権は消滅しません。

【抵当権と根抵当権の違い】
① 設定時の債権
　　抵当権………債権が存在することが必要
　　根抵当権……債権が存在していなくてもよい
② 設定時の債権の特定
　　抵当権………特定が必要
　　根抵当権……特定されている必要はない
③ 被担保債権が譲渡された場合
　　抵当権………譲受人に移転する
　　根抵当権……移転しない
④ 弁済等によって債権が消滅した場合
　　抵当権………消滅する
　　根抵当権……一時的に債権がゼロになっても消滅せず、その後に
　　　　　　　　発生した債権も担保される

III

融
資

12 根抵当権はどのような場合に確定するのか

1 | 元本確定事由は民法に定められている

　根抵当権によって優先弁済を受けられる元本債権が定まることを確定といいます。民法上、以下の元本確定事由が定められています。

(1) 元本確定期日の到来

　根抵当権設定当事者は、元本の確定期日を定めることができ、この期日が到来すれば元本が確定します（民法398条の6）。

(2) 根抵当権者または債務者の相続

　元本の確定前に根抵当権者または債務者について相続が開始した場合、相続の開始後6か月以内に根抵当取引の承継に関する合意の登記がなされないと、根抵当権の担保すべき元本は相続開始の時に確定したものとみなされます（同法398条の8）。

(3) 根抵当権者または債務者の合併・会社分割

　元本の確定前に根抵当権者または債務者について合併または会社分割があった場合、根抵当権設定者は、合併・会社分割を知った日から2週間以内または合併・会社分割の日から1か月以内に担保すべき元本の確定を請求することができ、その請求の時に元本が確定します（同法398条の9・398条の10）。

(4) 元本確定期日の定めがない場合の確定請求

　根抵当権設定者は、根抵当権の設定の時から3年を経過したときは、担保すべき元本の確定を請求することができ、請求の時から2週間を経過すると元本が確定します（同法398条の19第1項）。

　また、根抵当権者は、いつでも、担保すべき元本の確定を請求することができ、その請求の時に元本が確定します（同条2項）。

(5) 競売手続等の開始

根抵当権者による抵当不動産の競売、**担保不動産収益執行(※)**または**物上代位(※)**による差押えの申立があった場合には、申立時に元本が確定します（同法398条の20第1項1号）。

(6) 滞納処分による差押え

抵当不動産に対して滞納処分による差押えがあったときは元本が確定します（同項2号）。

(7) 根抵当権者の競売手続または滞納処分の了知

根抵当権者が、抵当不動産に対する競売手続の開始または滞納処分による差押えがあったことを知った時から2週間を経過すると元本が確定します（同項3号）。

(8) 債務者または根抵当権設定者の破産手続開始決定

債務者または根抵当権設定者が破産手続開始の決定を受けたときは元本が確定します（同項4号）。

2 根抵当権が確定するとその後の債権は担保されない

確定後の根抵当権は、その被担保債権が具体的に特定するので、確定後に新しく元本債権が発生しても、その根抵当権によって担保されなくなります。

また、確定後の根抵当権は、付従性・随伴性を有するようになります。

> ☞**担保不動産収益執行** Ⅲ 融資「28 抵当権の実行とはどのようなことか」114頁参照。
> ☞**物上代位** 担保の目的物が売却、賃貸、滅失、毀損された場合、それぞれ売却代金、賃料、保険金等の請求権に対しても担保権の効力が及ぶことをいう。

13 指名債権を担保にとる場合、どのような方法があるか

1 質権と譲渡担保権の方法がある

　指名債権とは、債権者が特定されている債権であり、売掛金債権、賃料債権、診療報酬債権等がこれに当たります。

　指名債権を担保にとる場合、質権の設定と**譲渡担保権(※)**の設定があります。

　将来発生する指名債権についても、特定性等の要件を充たすことによって担保にとることができます（民法466条の6第1項）。

2 債権質の場合は質権者と質権設定者との合意で設定できる

　質権設定の方法による場合、債権質の設定契約により質権の設定がなされ、質権者および質権設定者の合意のみによって質権を設定することができます。ただし、実務上は、債権証書の交付を受けるのが通常です。

　担保となる債権につき、譲渡や担保権の設定を制限する特約が付されている場合には、担保権者が当該特約につき悪意・重過失であると担保権実行に支障が生じることがあるため（民法466条3項）、指名債権に担保権を設定しようとするときは、特約の有無について調査が必要です。

　指名債権を質権の目的としたときは、第三債務者に対して確定日付を付した証書で通知するか、第三債務者の承諾書に確定日付を付さなければ、第三債務者その他の第三者に対抗することができません（民法364条）。

3 譲渡担保権の設定方法は質権の場合と同様である

　譲渡担保の方法による場合、指名債権の債権者が担保権者（債権の譲

受人）となる点において質権設定の場合（指名債権の債権者は質権設定者のまま）と異なりますが、基本的には、質権設定の方法について述べたことが当てはまります。

　なお、継続的に発生する売掛金債権を担保にとることも、譲渡の目的とされる債権がその発生原因や譲渡に係る額、債権発生の始期と終期を明確にするなどして特定されていれば可能であると解されています（民法466条の6第1項。また、最判平成11・1・29民集53巻1号151頁）。

> ☞ **譲渡担保権**　担保目的物を債権者に譲渡し、債務が履行されると所有権が債務者に戻るという形の担保権。

III

融
資

14 動産を担保にとる場合、どのような方法があるか

1 質権による場合は動産の引渡しが必要である

　動産に質権を設定する場合、当事者の合意に加えて、その動産を質権者に引き渡すことが効力発生要件となります（民法344条）。

　引渡しの方法としては、現実の引渡しおよび簡易の引渡し（質権者が現にその動産を所持している場合に当事者の意思表示のみによって引き渡す方法、同法182条2項）のほか、指図による占有移転（質権設定者が代理人を通じて占有する動産について以後は質権者のために占有すべきことを代理人に命ずる方法、同法184条）の方法が認められています。

　しかし、質権設定者が所持している動産について以後は質権者のために占有する意思を表示するという占有改定（同法183条）の方法は認められていません（同法345条）。

　動産質の第三者対抗要件は、質物の継続占有です（同法352条）。

2 譲渡担保権の場合は占有改定による引渡しが認められている

　譲渡担保の場合、占有改定の方法による引渡しも認められているため、担保権設定者は、譲渡担保設定後も担保に入れた動産を引き続き使用することができます。

　なお、構成部分が変動する集合物（倉庫に保管された商品等）であっても、その種類、所在場所および量的範囲を指定する等の方法により目的物の範囲が特定される場合には、1個の集合物として譲渡担保の目的となりうるものと解されています（最判昭和54・2・15民集33巻1号51頁）。

15 有価証券を担保にとる場合、どのような方法があるか

1 質権・譲渡担保権のいずれでも担保設定できる

　株式、公社債、手形等の有価証券についても、質権および譲渡担保の方法により、担保にとることができます。

2 有価証券が発行されている場合は現物の差入れを受ける

　有価証券の現物が発行されている場合、質権および譲渡担保のいずれの方法であっても、有価証券担保差入証に加えて有価証券の現物の差入れを受けることになります。

　株式の場合、これに加えて株主名簿への記載または記録を行うこともあり、記載または記録の有無により、略式質（譲渡担保）と登録質（譲渡担保）に区別されます。

3 株式を担保にとる場合は株主名簿等に質権者等を記録する

　有価証券の現物が発行されていない場合、たとえば、株式の場合であれば、株主名簿に質権者または譲受人である担保権者の氏名等を記載または記録する等（会社法130条1項・147条1項）、所定の手続を行う必要があります。

　「社債、株式等の振替に関する法律」に基づく振替制度の対象となる株式や公社債等については、振替口座簿における質入れや譲渡に係る株式数や金額の増額の記載または記録が、質権または譲渡担保権の設定の効力発生要件となります（社債、株式等の振替に関する法律73条・74条等）。

5 保 証

16 保証にはどのような意義・性質があるか

1 保証は保証人が主債務者に代わって債務を履行するものである

保証とは、**主債務者(※)**がその債務を履行しない場合に、保証人が主債務者に代わって債務を履行するというものであり（民法446条1項）、金融機関が確実に債権の回収を図るために講じる手段です。

保証は、保証人の一般財産を引当てとするものであり、抵当権等と異なり、他の債権者に対する優先権があるわけではありません。しかし、保証人を徴求することで主債務者に債務の弁済を促すとともに、主債務者が中小企業の場合、代表者を保証人とすることで法人財産と個人財産の双方を引当てにする等の機能が認められるため、保証は、融資取引において広く用いられています。

2 保証契約の当事者は債権者と保証人である

保証契約は、債権者と保証人との間の契約でなされるものであり、債務者は保証契約の当事者ではありません。もっとも、保証は、主債務者の委託を受けてなされることが多く、この場合、債務者と保証人との間で保証委託契約が締結されます。

保証契約は、**要式契約(※)**であるため、書面または電磁的記録でしなければ、その効力が生じません（民法446条2項・3項）。

3 保証には付従性、随伴性、補充性の性質がある

(1) 付従性

保証は、債務が存在しなければ存在せず、また、主債務が消滅すれば、原則として保証債務も消滅します。これを保証債務の付従性といいます。

保証債務の範囲については、主債務より重くすることはできず、主債務より重いときは、主債務の限度に減縮されます（民法448条）。

(2)　随伴性

　主債務に係る債権が譲渡される等して移転した場合、保証債務も移転します。これを保証債務の随伴性といいます。

(3)　補充性

　債権者が保証人に債務の履行を請求したときに、保証人がまず主債務者に催告をすべき旨を請求でき（催告の抗弁権、民法452条）、また、保証人が主債務者に弁済をする資力があり、かつ、執行が容易であることを証明したときは、債権者が主債務者の財産について執行をしなければなりません（検索の抗弁権、同法453条）。

　このような性質を保証の補充性といいます。

☞ **主債務者**　保証を受ける債務を負担する者（金融機関から借入れした債務者）のことをいう。

☞ **要式契約**　契約の成立には一定の方式を要するとされている契約をいう。ほとんどの契約はなんらの形式も要しない不要式契約であるが、保証契約については書面（電磁的記録を含む）の作成が契約成立の要件とされている。

III

融
資

17 連帯保証とはどのような保証契約か

1 連帯保証には催告の抗弁権・検索の抗弁権がない

実務では、迅速な債権回収の観点から、連帯保証を用いることがほとんどです。

連帯保証人は、主債務者と連帯して債務を負担する結果として補充性を欠くため、催告の抗弁権および検索の抗弁権を有しません（民法454条）。

2 連帯保証には分別の利益がない

連帯保証人は、主債務の全部を履行すべき義務を負っていますので、同一の債務について数人の連帯保証人がいるときでも**分別の利益**（※）を有しないと解されています（大判大正8・11・13民録25輯2005頁）。

そのため、連帯保証の場合、主債務の弁済期が到来すれば、主債務者に対する債権回収手段をとることなく連帯保証人に対して債権の全額を請求することが可能となります。

もっとも、連帯保証も保証であることには変わりなく、保証債務の付従性や随伴性は同様に認められます。

3 連帯の特約がなくても連帯保証となる場合がある

債務が主債務者の商行為によって生じたものであるときや、保証が商行為であるときは、連帯の特約がなくても連帯保証となります（商法511条2項）。

4 連帯保証人について生じた事由は原則主債務者には及ばない

連帯保証人について生じた事由は、原則として主債務者に対してその

効力が及びません（相対効。民法458条・441条）。

　たとえば、履行の請求は**時効の完成猶予事由(※)**の1つですが、債権者が連帯保証人に対して履行の請求をしても、その請求の効力は主債務者に及ばないため、時効の完成猶予の効力が生じるのは保証人の債務についてのみであり、主債務についてその効力は生じません。

　改正前民法では、履行の請求、免除、時効の完成等は絶対効とされていましたが（改正前民法434条・437条・439条）、改正民法では相対効とされました。

　ただし、主債務者との間で「連帯保証人への履行の請求は主債務者にも及ぶ」との合意があれば、連帯保証人に対して履行の請求をした場合はその効力が主債務者にも及び（民法441条ただし書）、その結果、主債務について時効の完成猶予の効力が生じます（同法147条1項1号）。

III

融
資

> ☞ **分別の利益**　保証人が複数いる場合、各保証人は等しい割合で義務を負担するというもの。連帯保証人にはこの分別の利益がないため。各人が債務の全額を負担する義務を負う。
> ☞ **時効完成の猶予**　後記III　融資「31　時効完成の猶予・更新とはどのようなものか」（119〜120頁）を参照。

18 個人根保証契約とはどのような保証契約か

1 個人根保証契約は極度額を定めなければならない

　個人根保証契約は、一定の範囲に属する不特定の債務を主債務として個人が保証人となる契約をいいます（民法465条の2第1項）。

　個人根保証契約のうち、主債務に貸金等（手形割引も含む）が含まれるものを個人貸金等根保証契約といいます（同法465条の3第1項）。

　債権法改正前の民法では、個人貸金等根保証契約についてのみ極度額の定めが必要とされていましたが（債権法改正前民法465条の2第2項）、改正後の民法では、個人貸金等根保証契約を含め個人根保証契約については極度額を定めなければ契約の効力が生じないとされています（同法465条の2第2項）。

　この極度額には、主債務の元本だけでなく、利息、違約金、損害賠償等が含まれます（同条1項）。

2 個人貸金等根保証契約には元本確定期日がある

　個人根保証契約については元本確定期日を定める必要はありませんが、個人貸金等根保証契約の場合は元本の確定期日があります。

　当事者が元本確定期日を定める場合は、契約締結の日から5年以内で定める必要があり（民法465条の3第1項）、5年を超える元本確定期日または元本確定期日のない場合は、締結の日から3年となります（同条2項）。

3 元本確定期日は変更することができる

　上記の元本確定期日は変更することができますが、変更する場合、変

更後の元本確定期日は変更の日から5年以内でなければなりません（民法465条の3第3項）。

　また、元本確定期日を定める場合および変更する場合は、書面または電磁的記録で行わなければその効力が生じません（同条4項）。

4 | 個人根保証契約は以下の事由により確定する

　個人根保証契約は、以下の事由が生じることにより確定します。

①　債権者が、保証人の財産について強制執行または担保権実行を申し立てたとき（民法465条の4第1項1号）

②　保証人が破産手続開始の決定を受けたとき（同項2号）

③　保証人または主債務者が死亡したとき（同項3号）

　個人貸金等根保証契約は、以上の事由に加えて、以下の事由が生じることによっても確定します。

①　債権者が、主債務者の財産について強制執行または担保権実行の申立がありその手続が開始された場合（同法465条の4第2項1号）

②　主債務者が破産手続開始の決定を受けたとき（同項2号）

III

融資

19 保証契約において公正証書を作成するのはどのような場面か

1 事業性の貸金債務について個人が保証する場合である

　従来、保証契約締結の際、保証リスクの認識およびそのリスクを負担するという保証人の意思確認が明確にされていない場合も多くありました。

　そこで、改正債権法は、事業のための貸金債務について、個人が、保証契約または根保証契約を締結する場合、その契約締結前1か月以内に保証人になろうとする者が、公正証書で保証債務を履行する意思を表示していなければ保証契約の効力は生じないとしました（民法465条の6第1項）。もっとも、保証契約そのものを公正証書で作成する必要はありません。

2 公正証書の作成は保証人になろうとする者が口授して行う

　上記の保証における公正証書（保証意思宣明公正証書）の作成は、以下のように行われます。

① 保証人になろうとする者が、「債権者、主たる債務者、債務の元本・利息等、および主債務者がその債務を履行しないときにはその債務の全額を履行する意思（連帯保証である場合は、主債務者への催告の有無、主債務者の履行可否、他の保証人の有無にかかわらず、その金額について履行する意思）を有していること」について、公証人に口授（面前での陳述）します（民法465条の6第2項1号）。

② 公証人は、保証人になろうとする者が述べた内容を筆記し、これを保証人になろうとする者に読み聞かせ、または閲覧させる必要があります（同項2号）。

③　保証人になろうとする者は、公証人の筆記が正確であることを承認したうえ、それに署名押印をします（同項3号）。

④　公証人は、公正証書が上記①〜③に従って行われたものである旨を付記し、署名押印します（同項4号）。

3 │ 取締役等の場合は公正証書の作成が不要

保証人なろうとする者が、以下に掲げる者については、公正証書の作成は不要です。

①　主債務者が法人である場合その役員等……法人の理事、取締役、執行役、またはこれらに準ずる者

②　主債務者が法人である場合その支配株主等……主債務者の過半数の議決権を有する者、主債務者の過半数の議決権を有する他の株式会社の過半数の議決権を有する者等

③　主債務者（自然人の場合）と共同して事業を行う者

④　主債務者（自然人の場合）が行う事業に従事している主債務者の配偶者

これらの者について公正証書の作成が不要とされているのは、主債務者の事業の状況を把握できる立場にあり、かつ保証のリスクについて十分認識していると考えられるからです。

融
資

20 金融機関は主債務に関する情報を保証人に提供する義務はあるか

1 改正債権法による保証人への情報提供義務の追加

　債権法改正前の民法には、債権者が保証人に対して情報提供をする義務については定められていませんでした。

　これに対し、改正後の民法においては、保証人が情報不足により不測の損害を被ることを防止するために、債権者の保証人に対する情報提供義務の規定が新たに追加されました。

2 主債務の履行状況についての情報提供義務がある

　保証人は主債務者に代わって保証債務を履行する立場にあることから、主債務者が債務をきちんと弁済しているか、残債務がいくらになっているか等については保証人にとって非常に重要なことです。

　そこで、改正債権法は、主債務者から委託を受けて保証をした保証人から、主債務の履行状況に関する情報提供の請求があった場合、債権者である金融機関はその情報を保証人に提供しなければならないとしました（民法 458 条の 2）。

　保証人からこの請求があった場合、金融機関は、以下の事項について保証人に情報を提供しなければなりません。

　①　主債務の元本、利息、違約金、損害賠償債務等の不履行の有無
　②　上記①の残額
　③　上記①のうちで弁済期が到来しているものの額

　なお、委託を受けていない保証人は本条の適用外ですので、その者から請求があった場合は、それに応じる義務はありません。

3 主債務者の期限の利益喪失を通知する義務がある

　主債務者が**期限の利益**（※）を喪失した場合は遅延損害金が発生することになりますが、保証人がそのことを知らなかったときは遅延損害金の額が増大し、保証人の負担が増大していくことから、主債務者の期限の利益がいつ喪失したのかは保証人にとって非常に重要です。

　そこで、改正債権法は、主債務者が期限の利益を喪失したときは、債権者は、期限の利益を喪失したことを知った時から2か月以内に保証人にその旨通知しなければならないとしました（民法458条の3第1項）。

　同期間内に通知をしなかった場合、債権者は、期限の利益喪失時から実際に通知するまでに生じた遅延損害金に係る保証債務の履行を請求することができません（同条2項）。

　なお、この通知義務は委託を受けない保証人に対しても適用されますが、保証人が法人である場合には適用がありません（同条3項）。

> ☞ **期限の利益**　後記Ⅲ　融資「26　相殺とはどのようなものか。また、相殺の要件は何か」の用語解説（111頁）参照。

21 保証委託に際して委託を受ける者への情報提供は必要か

1 事業性の債務については主債務者による情報提供が必要である

保証人は主債務者に代わって保証債務を履行する立場にあることから、主債務の財産状況や他に債務がないか等について判断したうえで、保証人になるかどうかを決定するのが適切といえます。

そこで、改正債権法は、主債務者による情報提供義務についても定めを置きました。

具体的には、事業のために負担した債務を主たる債務とする保証または主たる債務の範囲に事業のために負担する債務が含まれる根保証の委託をするときは、主債務者は、委託を受ける個人に対し、以下の事項についての情報を提供しなければなりません（民法465条の10第1項）。

① 財産および収支の状況

② 主債務以外に負担している債務の有無（ある場合は、その債務の額、および履行状況）

③ 主債務の担保に提供しているもの、または提供しようとしているものがあるときは、その旨およびその内容

2 情報提供をしていないことを債権者が知っていたとき等は保証を取り消される場合がある

上記の情報提供は主債務者に課せられたものであり、債権者に課せられた義務ではありません。

もっとも、主債務者が情報を提供せず、または事実と異なる情報を提供したために委託を受けた者が誤認して保証契約の申込または保証を承諾する意思表示をした場合において、債権者がそのような事情を知っていた場合、または知ることができた場合は、保証人は保証契約を取り消

すことができます（民法 465 条の 10 第 2 項）。

　このように、主債務者が保証委託を受ける者に対し情報を提供せず、または不実の情報提供をしたことを債権者が知っていた場合、あるいは過失によって知らなかった場合は、保証契約を取り消されるおそれがあります。

　したがって、金融機関としては、主債務者が保証委託者に対して情報提供をしたか、真実の情報を提供したかについて正しく把握しておくことが重要です。

3 ｜ 保証人が法人の場合には情報提供義務はない

　上記の主債務者による情報提供義務は、保証をする者が自然人の場合に限られ、法人の場合は適用はありません（民法 465 条の 10 第 3 項）。

III

融
資

22 信用保証協会の保証とはどのようなものか

1 信用保証協会法に基づく中小企業融資のための保証である

　信用保証協会は、信用保証協会法に基づき設立される公的機関であり、中小企業が融資を受ける際に保証を行うことを目的としています。

　信用保証協会の行う「信用保証」の法的性質は、中小企業の委託に基づいて、将来発生する特定または不特定の債務を保証する民法上の保証であると解されています。

　信用保証協会と金融機関の保証契約は、信用保証協会と金融機関が事前に締結した約定書に基づき、信用保証協会が金融機関に信用保証書を交付することによって成立します。

2 信用保証約定書には免責条項が規定されている

　金融機関が信用保証協会の承諾を得ないで保証付貸付をもって自らの既存の貸付金（保証付貸付を含む）の弁済に充てたときは、保証契約に係る約定違反となり、信用保証協会は、その全部または一部について保証債務の履行の責を免れることとなります。

　信用保証協会が行う保証においては、信用保証協会が弁済した場合に取得する**求償権**(※)を担保するため、抵当権などの担保を徴求する場合があるほか、代表者等の保証を受けることが条件となっていますが、保証人の保証意思の確認等は、金融機関の責任において行われるため、保証契約が無効とされた場合、信用保証協会から免責を主張されることがある点に留意する必要があります。

3 | 主債務者が反社会的勢力であった場合でも保証契約は有効である

　信用保証協会が、金融機関との間で締結した信用保証契約の主債務者が反社会的勢力であった場合について、最高裁は、債務者が反社会的勢力でないという信用保証協会の動機は、それが明示または黙示に表示されていたとしても、当事者の意思解釈上、これが保証契約の内容となっていたとは認められないとして、信用保証協会による錯誤無効の主張を斥けました（最判平成28・1・12民集70巻1号1頁）。

　もっとも、同判決は、信用保証契約上の付随義務として，信用保証協会・金融機関双方に主債務者が反社会的勢力であるか否かについて相当と認められる調査義務を負うとし、そのうえで、金融機関がこの義務に違反して実行した融資について保証契約が締結された場合には、信用保証契約における信用保証協会の免責条項にいう金融機関が「保証契約に違反したとき」に当たると解するのが相当であると判示しました。

> ☞ **求償権**　他人の債務を弁済した者がその他人に対してその分の返還を請求できる権利のことをいう。

6 弁 済

23 弁済とはどのようなことをいうのか

1 弁済とは債務の給付を行うことをいう

弁済とは、債務の本旨に従って債務の内容たる一定の給付を実現する行為のことをいいます。

金融機関の取引先に対する融資の場合であれば、取引先が貸付金の返済を行うことを意味します。

2 弁済者は受取証書・債権証書の交付を請求できる

取引先が債務の弁済を行った場合、取引先は、金融機関に対し、受取証書（いわゆる領収書）の交付と、債権証書（証書貸付における金銭消費貸借契約証書等）の交付を請求することができます。

受取証書の交付請求は、弁済と引き換えにできますが（民法 486 条）、債権証書の交付については債務の全額を弁済した後に初めて請求することができます。

弁済は、弁済期すなわち貸金債務の履行期限までになされる必要があり、弁済期を経過しても任意に弁済がなされなかった場合、金融機関は、訴訟を提起する等の方法により取得した**債務名義(※)**に基づく差押え等の強制執行の方法や、後述する担保物権の実行の方法により債権回収を図ることになります。

また、この場合、取引先は、履行期限の翌日から履行遅滞の責任、つまり遅延損害金の支払義務を負担することになります（同法 412 条 1 項）。

もっとも、実務上、弁済期を経過しても弁済がなされなかった場合、いきなりこれらの方法により債権回収を図るのではなく、まずは取引先に対して口頭または文書の方法によって督促を行うのが通常です。

督促の目的は、法的手段がありうることを含意して任意に早期回収を図る点にあり、督促の方法（電話や面談によるか、それとも督促状によるか等）は、債務者の現況や誠意の有無等を考慮して決めることになります。

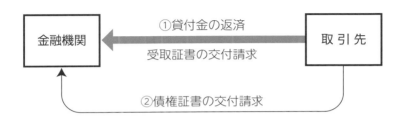

☞ **債務名義**　国家の強制力によって実現することができる請求権の存在・範囲が示され、かつ執行力が与えられた公文書のことをいう。これには、確定判決等がある（民事執行法22条）。強制執行をする場合は債務名義が必要となる。

融
資

24 第三者が弁済する場合の要件は何か

1 弁済につき正当な利益を有しない者は債務者・債権者の意思に反して弁済できない

　債務の弁済は、債務者以外の第三者もすることができるのが原則です（民法474条1項）。ただし、弁済をするについて正当な利益を有しない第三者は、債務者の意思に反して弁済をすることができません（同条2項）。

　もっとも、弁済時に認識していなかった債務者の意思により後日弁済が無効となると債権者が不測の損害を被るおそれがあるため、改正債権法では、債権者が債務者の意思に反することを知らなかった場合は、弁済は有効とされました（同項ただし書）。

　さらに、改正債権法では、債権者の意思に反して弁済をすることができない旨が明文で規定されました（同条3項）。ただし、第三者が債務者の委託を受けて弁済をする場合で、かつそのことを債権者が知っていた場合は、弁済をすることができます（同項ただし書）。

　この「弁済をするについて正当な利益を有する者」とは、弁済をしないと債権者から強制執行を受ける者等のように、弁済をすることに法律上の利害関係を有する者をいいます（最判昭和39・4・21民集18巻4号565頁）。

　このため、保証人や物上保証人、抵当不動産の第三取得者は、債務者・債権者の意思に反して弁済をすることができますが、債務者の家族のように単に事実上の利害関係を有しているにすぎない者は、債務者・債権者の意思に反して弁済をすることができません。

　したがって、このような者から弁済の申出があった場合、債権者としては、弁済が債務者の意思に反するものでないことを確認するための債

務者の承諾書を徴求するといった対応を行う必要があります。

2 | 第三者弁済を行った者は債権者に代位する

　第三者が弁済を行った場合、当該第三者は、債務者に対して求償権を取得することになりますが、当該求償権の行使を確実にするために、債権者が有している担保権等の権利に代位することが認められています。

　「弁済をするについて正当な利益を有する者」は、弁済によって債権者に代位しますが、その場合、債権の移転について債権譲渡と同様の方法（確定日付のある証書による通知または承諾）により対抗要件を具備する必要があります（民法500条・467条2項）。

3 | 代位による権利行使は求償権の範囲内で行うことができる

　弁済による代位(※)の効果として、弁済者は、求償権の範囲内において、債権および当該債権の担保として債権者が有していた一切の権利を行使することができます（民法501条1項）。そのため、債権の全額について弁済があった場合は、弁済者に対して債権証書や担保権の付記登記・登録に必要な書類等を交付する対応を行うことになります。

　一部弁済の場合は、弁済者は、弁済をした価額に応じて債権者とともにその権利を行使することができます（同法502条1項）。改正債権法では、一部弁済者が代位した債権を行使する場合には債権者の同意が必要であること、債権者が行使する権利は代位者が行使する権利に優先することが明文化されました（同条1項・3項）。

> ☞ **弁済による代位**　第三者が債務者に代わって債務を弁済した場合、債権者が有していた債権、担保権が弁済者に移転すること。

Ⅲ

融
資

25 弁済充当とはどのようなことか

1 提供された弁済をどの債務に充当するかということである

　複数の貸金債務を負担している場合や、分割して貸金債務を弁済する場合、元本および利息債務を負担している場合に、弁済がこれらの債務のすべてを消滅させるに足りない場合、弁済をこれらの債務のどの部分に充当するのかが問題となりますが、弁済の充当については民法に規定が設けられています（民法488条〜491条）。

2 銀行取引約定書には弁済充当の規定がある

　弁済の充当について当事者間で合意があれば、その順序に従い、弁済充当することになります（民法490条）。

　銀行取引約定書には、金融機関が適当と認める順序方法により充当し、債務者はこれに異議を述べることができない旨の規定が設けられており（銀行取引約定書9条）、実務上は、金融機関が充当指定権を有することになります。

　また、銀行取引約定書上、他に弁済充当に言及する規定として、債務者が債務を履行しなかった場合に金融機関が法定の手続を含めて一般に適当と認められる方法、時期、価格等により担保を取立または処分のうえ、その取得金から諸費用を差し引いた残額を法定の順序にかかわらず債務の弁済に充当できる旨の規定があり（同約定書4条3項、同様の規定は、抵当権設定契約書等にも設けられている）、実務上は、この規定に基づく担保の**任意処分**(※)による債権の回収を弁済充当ということが多いです。

　また、担保のみならず、金融機関が占有する動産、手形その他の有価

証券についても同様の取扱いができる旨の規定が併せて設けられています（同約定書4条4項）。

　もっとも、これらの規定があるからといって、金融機関の恣意的な充当指定権の行使が認められているわけではなく（弁済を受けてから1年以上経過した後に主張した充当指定権の行使が否定されたものとして最判平成22・3・16金融・商事判例1344号25頁参照）、また、担保の任意処分についても適当な売却価格で売却する必要がある等、一定の制限があることに留意すべきです。

> ☞ **任意処分**　競売手続によらず、担保目的物を売却して弁済に充てることをいう。

Ⅲ

融資

7 相　殺

26 相殺とはどのようなものか。また、相殺の要件は何か

1 相殺とは対当額で債権債務を消滅させる行為である

　相殺とは、金融機関が取引先に対して貸付債権等の債権を有している場合に、金融機関が取引先に対して預金債務等の同種の目的を有する債務を負担する場合、意思表示により対当額で債権・債務を消滅させる行為です（民法505条1項・506条1項）。

　金融機関が相殺に供する貸付債権等の債権を自働債権、金融機関が相殺により債務を免れる取引先の債権（預金債権）を受働債権といいます。

　相殺は、実務上、債権の回収手段として広く用いられています。特に、取引先の信用が悪化した場合、貸付金の弁済を受けることが期待できませんが、取引先の預金があれば、相殺することにより貸付金を回収することができます。

　このような相殺の機能は、あたかも受働債権を担保に供しているようにみえることから、相殺の担保的機能と呼ばれています。

2 互いの債務が相殺適状になっていなければ相殺できない

　相対する債務が相殺に適する状態（これを「相殺適状」という）となるための要件は、以下のとおりです（民法505条1項）。

① 同種の目的を有する債務の対立
② 双方の債務の弁済期の到来
③ 債務につき相殺が禁じられていないこと

　このうち、「双方の債務の弁済期の到来」については、金融機関は、自働債権である貸付債権の弁済期が到来していれば、受働債権である定期預金の満期が到来していなくても、預金債務の**期限の利益**(※)を放棄

し（同法 136 条 2 項）、その弁済期を現実に到来させて相殺することができるため、自働債権の弁済期の到来のみが要件となります。

さらに、自働債権の弁済期についても、銀行取引約定書 5 条には、取引先の信用が悪化した場合には当然にまたは請求により取引先の期限の利益が喪失する旨の規定が設けられており、取引先の信用悪化により自働債権の弁済期が到来するようになっています。

3 │ 相殺は相手方に対する意思表示が必要である

相殺をするには相手方に対する相殺の意思表示（相殺通知）が必要ですから（民法 506 条 1 項）、配達証明付内容証明郵便等、相殺を行ったことおよびその時期が証拠として残る方法により意思表示を行うべきです。

この点、意思表示を不要とする特約をしても無効であると解されています（大阪高判昭和 41・4・18 金融・商事判例 16 号 4 頁）。

> ☞ **期限の利益** 期限が到来するまでは債務の履行をしなくてもよいという利益。預金については、金融機関は預金者に預金返還債務を負っているが、満期まではその債務の履行をしなくてもよいという利益。

27 融資先の預金に差押えがあった場合、貸付金と相殺できるか

1 被差押預金と貸付金を相殺することができる

　相殺の担保的機能が効力を発揮するのは、特に、取引先の預金が差し押さえられた場合です。なぜなら、預金の差押えは、取引先の信用悪化事由の最たるものですが、差押えがあるのと同時に取引先に対する貸付債権と相殺することで、差押えをした一般債権者に先駆けて自己の債権を回収することが可能となるからです。

2 銀行取引約定書には相殺予約の条項がある

　銀行取引約定書7条1項には「期限の利益の喪失その他の事由によって、債務者が債務を履行しなければならない場合には、預金の満期が到来しているか否かにかかわらず、いつでも銀行は相殺することができる」旨の規定があり、預金の差押えがあった時点で取引先の期限の利益を喪失させる5条と組み合わせることで自動的に相殺適状を作出することを企図しています（このような相殺適状を生ぜしめる合意を総称して相殺予約という）。

3 貸付金の弁済期の前後を問わず相殺できる

　債権法改正後の民法においては、「差押えを受けた債権の第三債務者は、差押え後に取得した債権による相殺をもって差押債権者に対抗することはできないが、差押え前に取得した債権による相殺をもって対抗することができる」と規定し、貸付債権等の自働債権が預金債権の差押え前に取得したものであれば、貸付金の弁済期を問わず差押債権者に対抗できることを明記しています（民法511条1項）。

債権法改正前の民法には、この点について明文がなく、判例（最判昭和45年6月24日民集24巻6号587頁）が、自働債権が差押え後に取得されたものではない限り、自働債権と受働債権の弁済期の前後を問わず、相殺適状に達しさえすれば、差押え後においても相殺をすることは可能である旨を判示していました。改正後の民法は、この判例の立場を明文化したものとされています。

　このような判例の立場をふまえ、従来から実務においては、貸付が差押え前に実行したものであれば、貸付金の弁済期が預金の満期より後であったとしても、預金と相殺することによって貸付金の回収を行っています。

【差押えと相殺の優劣】

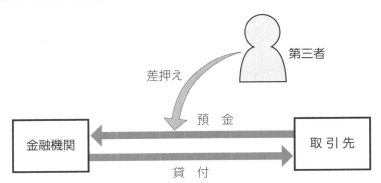

差押えにより貸付金の期限の利益が喪失するため、金融機関は、預金の期限の利益を放棄し、貸付金と相殺。

28 抵当権の実行とはどのようなことか

1 抵当権の実行方法には競売と担保不動産収益執行がある

弁済期を経過しても取引先が債務を弁済しない場合や銀行取引約定書の**期限の利益喪失事由**(※)が発生した場合、金融機関が取引先から担保を徴求していれば、金融機関は、担保権を実行することにより他の債権者に優先して債権を回収することができます。

民事執行法が規定する抵当権の実行方法には、担保不動産競売（競売による抵当権の実行）と担保不動産収益執行（不動産から生じる収益（賃料等）を被担保債権の弁済に充てる方法による抵当権の実行）の2つがあります（民事執行法180条）。

2 抵当不動産の競売には抵当権の登記事項証明書が必要である

抵当不動産の競売は、抵当権の存在を示す文書を提出して抵当不動産の所在地を管轄する地方裁判所に抵当権実行としての競売を申し立てます。この場合の「抵当権の存在を示す文書」としては、抵当権の登記に関する登記事項証明書等になります（民事執行法181条1項）。

実務においては抵当権の登記に関する登記事項証明書に基づいて抵当権を実行するケースが大半を占めていますが、抵当権の登記は本登記に限られ、仮登記は除かれます（同項3号）。

なお、強制競売は、判決等の債務名義に基づいて申し立てられますが（同法25条）、抵当権の実行において債務名義は不要です。

3 抵当不動産の競売は強制競売の規定が準用される

担保不動産競売の方法による場合、民事執行法は、強制競売の手続を

準用しているため（同法 188 条）、不動産執行のうち強制競売と同様の手続によって担保権の実行が行われます。

　すなわち、裁判所が担保不動産競売開始決定を行った場合、抵当不動産に差押えがなされ、抵当不動産の処分が禁止されます。そのうえで、抵当不動産について競売が実施され、その結果、買受人が決まると売却許可決定がなされます。

　その後、代金の納付がなされると、抵当不動産の買受人が不動産についての所有権を取得する一方で、債権者に対して配当等が支払われます。これにより、債権者は、債権の満足を得ることができます。

4 ｜ 任意売却を選択する場合もある

　競売の方法によった場合、担保不動産が時価よりも低廉な価格で売却されるのが一般的であるため、担保不動産競売の方法ではなく利害関係人の同意を得たうえで任意売却（担保の任意処分）の方法によることもあります。

☞**期限の利益喪失事由**　銀行取引約定書には、債務者の預金が差し押さえられた場合等一定の事由が生じた場合、債務者は期限の利益を失い、債務の全額を弁済しなければならない旨が規定されており、それらの事由を期限の利益喪失事由という。期限の利益喪失事由には、当然喪失事由（一定の事由が生じると同時に期限の利益が喪失するもの）と請求喪失事由（金融機関の請求によって期限の利益が喪失するもの）の２つがある。

9　貸付金債務の相続

29　融資先が死亡した場合、貸付金はどのようになるか

1　貸金債務は相続人に承継される

　個人の債務者が死亡した場合、債務者が金融機関に対して負担する債務は、相続人に承継されます（民法896条）。

　相続人が複数いる場合には、被相続人の金銭債務その他の可分債務は、法律上当然に分割され、各共同相続人はその相続分に応じて承継します（最判昭和29・4・8民集8巻4号819頁）。共同相続人が連帯して債務を負担するわけではありません。したがって、貸付債務について相続が発生した場合、金融機関は、債務者の相続人に対して相続分に応じた債務の履行を求めることになります。

　もっとも、相続分については、被相続人が遺言で指定することができ（同法902条1項）、また、相続人は、遺産分割協議により法定相続分と異なる割合で遺産の分割を行うことができます（同法907条1項）。

　ただ、遺言や遺産分割協議によって無資力の相続人のみ債務が承継されるとなると、債権回収が事実上できなくなってしまいます。そのため、このような相続債権者の関与なくなされた法定相続分についての指定や変更は、相続債権者である金融機関に対抗できないと解されています（東京高決昭和37・4・13判例タイムズ142号74頁）。

　相続法改正により、この趣旨が明確化され、被相続人が相続分の指定をした場合であっても、相続債権者は、その相続分の指定を承認しない限り、各共同相続人に対して法定相続分に応じてその権利を行使することができます（同法902条の2）。

2 | 限定承認、相続放棄によって相続債務を免れることができる

　限定承認とは、相続によって得た財産の限度においてのみ被相続人の債務および遺贈を弁済すべきことを留保して債務の承認をするものです（民法922条）。

　この場合、金融機関は、当該相続人が限定承認を行った旨の公告および催告を行ってから一定の期間内（2か月以内）に相続債務の履行請求を行う必要があります（同法927条）。

　共同相続の場合には、限定承認は、共同相続人の全員が共同しなければ行うことができません（同法923条）。

　相続の放棄をした者は、その相続に関しては、初めから相続人とならなかったものとみなされるので、被相続人の債務を承継しません（同法939条）。相続の放棄をする場合は、その旨を家庭裁判所に申述しなければなりませんが（同法938条）、債権者の同意は不要です。

　限定承認および相続の放棄は、いずれも、原則として相続人が自己のために相続の開始があったことを知った時から3か月以内に行う必要があります（同法915条1項）。

10 消滅時効の管理

30 貸付金の消滅時効期間はどのようになっているか

1 債権の時効期間は5年と10年がある

　貸付債権が遅滞に陥り長期間経過すると、債務者に消滅時効を援用され、貸付債権の回収ができなくなるため、時効の管理は、特に留意を要します。

　債権の消滅時効について、民法166条は、①債権者が権利行使できることを知った時から5年、②権利を行使できる時から10年で時効によって消滅すると規定しています（民法166条1項）。この①と②のいずれかの時効期間が経過したときに債権は消滅します。

　債権法改正前の民法においては②の10年間のみ定めていましたが、改正後の民法では、①の場合も追加されました。

　また、②の時効期間については、民事消滅時効（10年-改正前民法167条1項）と商事消滅時効（5年-改正前商法522条）とで異なっていましたが、債権法改正に合わせて商事消滅時効に関する商法の規定が廃止され、民法166条に一本化されました。

2 金融機関の貸付金は原則5年で時効消滅する

　金融機関の貸付金の場合、金融機関が貸付金の権利を行使できる時（弁済期）を知らないということは通常ありえないので、貸付金の弁済期がそのまま上記①の「権利行使できることを知った時」となり、その時から5年で貸付金は時効消滅すると考えられます。

時効の完成猶予・更新とは どのようなものか

1 一定の事由の発生によって時効の完成を妨げる制度である

　債権等の権利は、時効の完成（時効期間が経過すること）によってその権利が消滅しますが、一定の事由の発生によりその時効の完成を妨げることができます。一時的に時効の進行が停止することを「時効の完成猶予」といいます。また、時効をリセットし、新たにゼロから進行が始まることを「時効の更新」といいます。

　債権法改正後の民法では、以下の区分に従って整理されています。

(1)　裁判上の請求等による場合

　①裁判上の請求、②支払督促、③調停、④破産手続参加の場合、これらの事由が終了するまでは時効の完成が猶予されます（民法147条1項）。

　そして、上記①～④について、確定判決または確定判決と同一の効力を有するものによって権利が確定したときは、時効の更新の効力が生じ、上記事由が終了したときから新たに時効が進行します（同条2項）。

　一方で、権利が確定せずに上記①～④が終了した場合は、その終了の時から6か月が経過するまでの間、時効の完成が猶予されるにとどまります（同条1項）。

(2)　強制執行等による場合

　①強制執行、②担保権の実行、③留置権等による競売、④民事執行法の財産開示手続の場合、これらの事由が終了するまでは時効の完成が猶予されます（民法148条1項）。

　そして、申立の取下げまたは法律の規定に従わないことによる取消しによる終了の場合を除き、上記①～④の事由が終了した時に、時効の更新の効力が生じ、新たに時効が進行します（同条2項）。一方で、申立

ての取下げ等によって終了した場合は、その終了の時から 6 か月が経過するまでの間、時効の完成が猶予されるにとどまります（同条 1 項）。

（3）　仮差押え・仮処分による場合

仮差押え・仮処分があった場合は、その事由が終了した時から 6 か月を経過するまでは時効の完成が猶予されます（同法 149 条）。この場合、上記（1）（2）と異なり時効の更新については規定がありませんので、時効の完成猶予後に新たにゼロから進行するということはありません。

（4）　催告による場合

催告があった場合は、その催告の時から 6 か月を経過するまでは時効の完成が猶予されます（同法 150 条 1 項）。ただし、再度催告をしても時効完成猶予の効力は生じません（同条 2 項）。

（5）　協議を行う旨の合意による場合

権利についての協議を行う旨の合意が書面でされたときは、一定期間、時効の完成を猶予されます（同法 151 条 1 項）。ただし、猶予期間は最長 1 年間であり（同条 1 項）、かつ（4）の催告による完成猶予と重ねて用いることができないこと（同条 3 項）等の制限があります。

2 ｜ 債務の承認は時効の更新事由となる

債務承認とは、たとえば、支払の猶予を求める、あるいは分割弁済の申出をする、債権者からの債務承認書に署名押印する等の行為をいい、このような債務者が債務の存在を認める「承認」は時効の更新事由となり、その時から新たに時効が進行します（民法 152 条 1 項）。

手形・小切手

1

手形・小切手にはどのような機能があるか

1 | 手形は支払延期のための信用証券である

　手形には、約束手形と為替手形があります。約束手形とは、振出人が一定の金額を支払うことを約束する証券（支払約束証券）をいいます。他方、為替手形とは、振出人が手形上に記載した金額の支払を支払人に委託する証券（支払委託証券）をいいます。

　なお、金融実務で実際に使用されているのは約束手形であることから、本書では、為替手形の解説は割愛します。

　手形は、売買代金等の支払を延期させるために利用され、後日支払がなされるという信用のもとで振り出されるので信用証券といわれます。たとえば、小売業者Ａが消費者に販売する商品を卸業者Ｂから仕入れる場合を考えてみましょう。

　ＡはＢから仕入れた商品を消費者に販売すれば、1か月後に販売代金が入ってきますが、商品の仕入時点では十分な現金がないという場合があります。

　このとき、ＡはＢに1か月後を満期として仕入代金相当額の金銭（手形金）の支払を約束する約束手形を振り出します。Ｂは、手形の満期にＡに手形金の支払を請求することもできるし、満期前に金融機関Ｃに手形を買い取ってもらい（手形割引）、直ちに資金化することもできます。Ｃが約束手形の裏書譲渡を受けて手形割引をした場合は、Ｃは満期にＡに対して手形金の支払を請求します。

　このように、Ａが振り出した約束手形は、Ａの信用のもとで流通してＡの資金繰りを助ける信用授受の手段なのです。

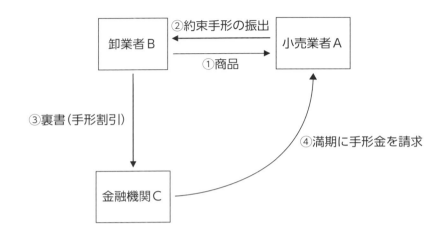

2 | 小切手は現金に代わる支払手段である

　小切手とは、振出人が小切手上に記載した一定の金額の支払を支払人に委託する証券をいいます（支払委託証券）。小切手は、支払委託証券である点で、為替手形と同様ですが、小切手は、手形と異なり、信用証券ではなく、小切手の所持人が支払人に呈示した日に直ちに支払がなされるものとされており、支払のための証券（支払証券）です。

　現金での支払は盗難等のリスクがあるため、そのリスクを回避して簡便に支払うための手段として小切手があるのです。

IV

手形・小切手

1 権利行使には証券（手形・小切手）が必要である

　有価証券とは、財産的価値のある権利が表章された証券で、その権利の行使・処分には証券が必要とされるものをいいます。手形・小切手のほか、株券、債券、商品券等も有価証券です。

　手形・小切手はいずれも有価証券であるとされています。有価証券は、見えない権利を証券上に結合させて権利の所在を明確化させ、権利の流通を促進するものです。

　手形・小切手は、有価証券であるため、これを取得しない以上、手形・小切手上の権利を取得しえず、行使することもできません。

　したがって、手形・小切手を所持していない者は、権利者として扱われません。

2 手形・小切手の所持人は権利者として推定される

　手形・小切手を所持していれば、権利者として推定されます。そのため、それを信じて所持人から手形・小切手を取得すれば、無権利者からの取得であっても、その取得者は権利取得しますし（善意取得）、また、それを信じて所持人に支払えば、手形・小切手上の債務は免責されます。

3 手形・小切手は裏書だけで譲渡できる

　手形・小切手は譲渡手続が簡便です。

　たとえば、卸業者の小売業者に対する売掛金債権を金融機関に譲渡する場合、金融機関がその譲受けを債務者および第三者に対抗するためには、譲渡人である卸業者が債務者である小売業者に対して確定日付のあ

る通知を行うか、債務者である小売業者の確定日付のある承諾が必要となります（民法467条）。

　しかし、手形・小切手を譲り渡すときは、手形・小切手の裏書または交付をすることにより、簡便に手形・小切手を譲渡することができます。

【通常の債権譲渡と手形・小切手の譲渡との違い】

●通常の債権譲渡

　下記のいずれかによって行う。

① 　譲渡人が確定日付を付して債務者に通知する

② 　債務者が確定日付を付した承諾をする

●手形・小切手の譲渡

　下記のいずれかによって行う。

① 　裏書欄に裏書人名を記載するとともに、被裏書人欄に譲渡先である被裏書人名を記載して、裏書をする。

② 　裏書欄に裏書人名を記載し、被裏書人欄に被裏書人名を記載せずに、交付する（白地式裏書）。

③ 　白地式裏書を受けた手形の取得者や小切手の取得者が、単に手形・小切手を交付する。

---

3 手形・小切手にはどのような特徴があるか

1 | 書面行為性がある

　一般の契約は、当事者間の合意だけでも成立しますが、手形・小切手上の権利を発生させる意思表示は、手形・小切手上でなされます。

2 | 設権証券性がある

　手形・小切手は、証券の作成により権利が発生します。この点、株券も有価証券であるとされていますが、株券の作成前に株主権が発生する点で異なります。

3 | 文言証券性がある

　手形・小切手上の権利の内容は、証券の記載によって定まります。
　たとえば、100万円の代金支払のために手形を発行する際、誤って手形面上に100円と記載した場合は、手形上は100円の権利しか発生しません。

4 | 無因証券性がある

　手形・小切手は、通常、その原因関係である売買契約等の代金支払のために振り出されますが、手形・小切手上の権利は、その原因関係が消滅しても、影響を受けません。
　たとえば、手形の振出の原因となった売買契約が解除されて消滅したとしても、手形振出人の債務は消滅しません（手形・小切手上の権利の存否の無因性）。
　もっとも、この場合、約束手形の受取人が振出人に対して手形金請求

するのは不当ですから、受取人は手形上の権利者であるものの、振出人は受取人に対して、原因関係が消滅したことを主張して、受取人からの手形金請求を拒むことができます（**人的抗弁（※）**）。

しかし、その受取人から権利を取得した第三者は、権利取得の際に、上記の事情を知らなければ、振出人はその第三者に支払を拒むことはできません（人的抗弁の切断、手形法77条1項1号・17条、小切手法22条）。

このようにして、手形・小切手の取得者は、その振出の原因関係を精査することなく、安心してこれを譲り受けることができるのです。

5 | 厳格な要式証券である

手形・小切手上の権利は、その権利内容が証券からしか確定できないことから（文言証券性）、権利内容を明確化するために、必要的記載事項が法定されています。

6 | 手形法・小切手法が適用される

手形・小切手を規律する法律としては、手形法と小切手法があります。手形法・小切手法に規定がない場合は、民法や商法が適用されます。

また、実務上、流通している手形や小切手のほとんどは、金融機関との支払委託関係があり、事前に金融機関との間で当座勘定口座を開設していることが前提となっています。そのため、当座勘定口座を規律する当座勘定規定に留意する必要があります。

また、手形交換所における金融機関間の自治規則である手形交換所規則も重要です。

☞ **人的抗弁** 手形・小切手の債務者が特定の所持人に対して支払を拒絶できる事由をいう。振出人が手形を振り出す原因関係が消滅した場合の抗弁はその代表例である。

IV

手形・小切手

4 当座勘定取引とはどのような契約か

1 | 取引先の委託に基づき手形・小切手を支払う取引である

　金融機関が取引先から当座預金を取引先の当座勘定にて受け入れ、その取引先の委託に基づきその取引先が振り出しまたは引き受けた手形・小切手の支払をその当座勘定にて行う取引を当座勘定取引といい、この取引に関する包括的な契約を当座勘定取引契約といいます。

2 | 法的性質は消費寄託と支払委託の混合契約である

　当座勘定取引契約は、各金融機関が定める約款である当座勘定規定により規律されますが、その法的性質は、預金契約（消費寄託契約）と手形・小切手に関する支払委託（準委任）契約の混合契約であると解されています。

　したがって、当座勘定取引の取引先が死亡した場合、委任（準委任）契約は、委任者または受任者の死亡によって終了するため（民法653条1号）、当座勘定取引契約は相続人に相続されません。

　ただ、委任の終了事由はこれを相手方に通知した場合、または相手方がこれを知っていた場合でなければ、これをもって相手方に対抗することができないので（同法655条）、金融機関が取引先の死亡後に支払呈示された手形・小切手について取引先の死亡の事実を知らないで支払った場合には、その支払は有効です。

3 | 当座勘定で支払うのは統一手形・小切手に限られる

　金融機関が、当座勘定規定に基づき支払をする手形・小切手は、全銀協により様式が統一された統一手形用紙・統一小切手用紙を用いたものに限定され、これにより事務の効率化が図られています。

2 手 形

5 手形の記載事項にはどのようなものがあるか

1 | 手形の記載事項は手形法に規定されている

　手形は、前述のとおり、厳格な要式証券であって、約束手形に記載すべき事項が法定されています。

　このうち、必要的記載事項とは、約束手形に記載されていなければ手形が無効となる記載事項をいい、これは手形要件ともいわれます。

　任意的記載事項とは、記載しなくても手形は無効とならないが、記載すればその記載事項が有効となるものをいいます。

　有害的記載事項とは、記載すると手形自体が無効となる事項をいいます。分割払の記載（手形法77条1項2号・33条2項）がその例です。

　無益的記載事項とは、記載しても手形が無効とならないが、記載する意味がないものをいいます。確定日払手形の利息文句（同法77条2項・5条1項）や指図文句（同法77条1項1号・11条1項）等です。

2 | 必要的記載事項（手形要件）は以下のとおりである

(1)　約束手形文句

　統一手形用紙では、「約束手形」の表題とともに、「この約束手形と引替えにお支払いいたします」との記載があります。

(2)　一定の金額を支払う旨の単純な約束

　支払の約束は単純なものでなければならず、商品との引替等の条件を付することはできません。

　手形金額を複数記載した場合、文字と数字では文字が優先され、文字と文字または数字と数字では、最小金額が優先されます（手形法77条2項・6条）。しかし、当座勘定規定では、事務処理の効率性の観点から、

IV

手形・小切手

所定の金額欄記載の金額により取り扱われるものとされています（当座勘定規定6条）。

　なお、当座勘定規定の付属規定である約束手形用法では、電子交換所においてOCR読取を行うことを踏まえて以下のことが求められています。

①　金額をアラビア数字で記載する場合は、チェック・ライターを使用し、金額の頭に「¥」を、その終わりには、「※」、「★」等の終止符号を印字するほか、3桁ごとに「,」を印字し、文字を複記しないこと

②　金額を文字で記入するときは、「壱」、「弐」、「参」等の改ざんしにくい文字を使用し、金額の頭には「金」と、終わりには「円」と記入すること

③　金額を誤記した場合は、訂正せずに新しい手形用紙を使用すること

④　手書きで金額を記載する場合には、崩し字を使用しないこと

(3)　満　期

　満期とは約束手形の支払日であり、これには以下の4つがあります（手形法77条1項2号・33条1項）。

①　確定日払

②　一覧払

③　一覧後定期払

④　日付後定期払

　確定日払とは、「令和2年6月30日」というように特定の日を満期とすることをいいます。国内で流通している手形の大部分は、この確定日払の手形以外の手形については、わが国ではほとんど流通していません。

　本来、満期日は暦にある日を記載する必要がありますが、判例は、「昭和40年2月29日」（昭和40年は平年）という満期日の記載を、月の末日である「2月28日」と合理的に解釈して有効としています（最

判昭和 44・3・4 民集 23 巻 3 号 586 頁）。なお、振出日より前の日が満期日として記載されている手形について、無効とする判例があります（最判平成 9・2・27 民集 51 巻 2 号 686 頁）。

(4)　支払地

支払地は、手形の支払がなされる地域をいいます。

(5)　受取人

受取人は、手形の支払を受け、または支払を受ける者を指図するものとして手形上に記載されます。

(6)　振出日

振出日とは、手形が振り出された日として記載された日をいいます。振出日は、実際に手形を振り出した日と合致していなくても有効ですが、暦にない日を振出日とする手形は無効とされます（大判昭和 6・5・22 民集 10 巻 262 頁）。

確定日払の手形の振出日は、手形上の権利の内容に関係ありませんが、振出日が手形要件である以上、その記載のない手形は無効とされます（最判昭和 41・10・13 民集 20 巻 8 号 1632 頁）。

(7)　振出地

振出地とは、手形が振り出された地として記載された地をいい、実際の振出地と異なっても構わないとされています。

(8)　振出人の署名

署名とは、本来、署名者が自己の名称を自署することをいいますが、手形法上、記名捺印も含むとされています（手形法 82 条）。

捺印については、拇印は無効ですが（大判昭和 7・11・19 民集 11 巻 2120 頁）、認印でも手形法上は有効とされます。しかし、当座勘定規定上、支払を担当する金融機関が支払に応じるのは金融機関届出印のある手形に限定されています。

また、記載された名称に関しては、通称・雅号でも足りるとされています。

IV

手形・小切手

6 裏書はどのような方法で行うのか

1 | 裏書人が署名し被裏書人を記載する

　裏書には、記名式裏書と白地式裏書があり、記名式裏書とは、裏書人の署名のほか、裏書文句と被裏書人の名称を記載した裏書をいい、白地式裏書とは、裏書人の署名があるが、被裏書人の名称が記載されていないものをいいます。

　なお、白地式裏書の手形の所持人は、①被裏書人の白地部分を自己の名称または他人の名称をもって補充でき、また、②白地式によりまたは他人を表示して手形を裏書することもできるとともに、③白地を補充せず、かつ裏書せずに手形を交付して譲渡することもできます（手形法77条1項1号・14条2項）。

2 | 裏書には権利移転の効力と支払担保の効力がある

(1)　権利の移転

　裏書により手形上の一切の権利は被裏書人に移転します（手形法77条1項1号・14条1項）。裏書も手形債権を譲渡させるものであって、債権譲渡の一種です。

(2)　支払担保義務の負担

　裏書人は、自己より後に手形を取得した者に対して支払を担保する義務を負担します（手形法77条1項1号・15条1項）。裏書人は、所持人が手形の支払呈示期間内に振出人に呈示したにもかかわらず支払がなかったとき、振出人に代わって手形金を支払う義務を負います。

　この担保義務は、手形振出人や他の裏書人の振出行為や裏書行為が無効であっても、当然に免れません。

3 指図禁止や裏書禁止が記載された手形は裏書譲渡できない

手形は、上記のとおり、裏書によって譲渡することができますが、手形に「指図禁止」や「裏書禁止」の記載があった場合、裏書によって譲渡することができません。

なお、手形上の権利の一部だけを移転させることもできません（手形法77条1項1号・12条2項）。

4 通常の裏書のほか特殊な裏書もある

上記のとおり、裏書には権利移転の効力と支払担保の効力がありますが、これらの効果のない裏書もあります。たとえば、「支払無担保」の旨が裏書欄に記載されている無担保裏書については、裏書人は担保義務を免れます（手形法77条1項1号・15条1項）。

また、手形面上に「取立のため」、「回収のため」等の文言が記載された取立委任裏書の被裏書人は手形の権利者とはならず、取立の受任者にすぎません。

そのほか、「裏書禁止」などの新たな裏書を禁止する文言を記載して裏書した場合には、当該裏書の裏書人は自らが裏書をした直接の被裏書人以外の被裏書人に対しては担保責任を負いません（同法77条1項1号・15条2項）。

裏書の連続とはどのようなことか

1 裏書が受取人から所持人まで連続していることをいう

　裏書の連続とは、受取人が第1裏書人となり、その被裏書人が第2裏書人となるように、手形の外形上、裏書が受取人から手形の所持人までの間で間断なく続いていることをいいます。

　裏書の連続している手形の所持人は手形の適法な所持人とみなされ、手形上の権利者と推定されます（手形法77条1項1号・16条1項）。

2 裏書の連続は形式的に判断される

　裏書の連続は、手形の外形から形式的に判断されるべきとされます。したがって、実在していない会社が裏書人となっていても、その裏書人名がその前者である被裏書人（受取人）の名称と同一であれば、裏書の連続は認められます。

　なお、被裏書人（受取人）の表示と裏書人名が一字一句正確に一致していることまでは必要なく、社会通念上、両者の同一性が認められればよいとされています。

　たとえば、受取人が「A株式会社支店長B」、裏書人が「B」と表示された手形については、B自ら署名した裏書人を基準として、受取人欄の「A株式会社支店長」はBの肩書にすぎず、裏書の連続が肯定されると考えられます（最判昭和30・9・30民集9巻10号1513頁）。

　また、1つの裏書が全部抹消された場合は、裏書の連続の判断にあたっては、抹消権限者によってなされたか否かを問わず、当該裏書の記載がないものとして取り扱われます（手形法77条1項1号・16条1項）。被裏書人の記載のみを抹消した場合について、判例は、**白地式裏書**（※）

となるとしています（最判昭和 61・7・18 民集 40 巻 5 号 977 頁）。

3 │ 裏書が不連続の場合は実質的権利の証明が必要となる

　裏書の連続が欠けている手形についても、裏書の不連続部分について、実質的権利移転が証明されれば、裏書の連続が架橋され、手形上の権利行使が可能です。

　たとえば、受取人 A →第 1 裏書人 B →第 1 被裏書人 C →第 2 裏書人 C →第 2 被裏書人 D と表示された手形であっても、不連続部分である「受取人 A →第 1 裏書人 B」の実質的権利移転が証明されれば、手形所持人 D は手形上の権利者と推定され、振出人に対して手形金の請求をすることができます。

> ☞ **白地式裏書**　手形の被裏書人欄に被裏書人の名称・氏名の記載がない裏書のことをいう。

8 手形の支払呈示期間はどのようになっているか

1 支払呈示期間は満期とそれに続く2取引日である

通常の約束手形は確定日払であり、満期日として確定日が手形面上に記載されています。確定日払手形の支払呈示期間は満期日およびそれに続く2取引日です（手形法77条1項3号・38条1項）。

満期日が取引日でなければ、それに次ぐ取引日とそれに続く2取引日が支払呈示期間となります（同法77条1項9号・72条）。

2 支払呈示期間内の支払呈示は遡求権保全の効力がある

所持人が支払呈示期間内に支払呈示を行うことが、裏書人に対する**遡求権（※）**を保全するための要件です（手形法77条1項4号・43条）。すなわち、裏書人は、振出人が手形金を支払わない場合に支払担保義務を負担しますが、所持人が支払呈示期間中に振出人に対して支払呈示をしないと裏書人に対する遡求権は消滅します（最判昭和47・2・22金融・商事判例306号2頁）。

3 支払呈示期間経過後でも振出人は支払義務を負う

振出人は、支払呈示期間経過後も、その手形債務が時効消滅するまで、手形金の支払義務を負います。

なお、支払呈示期間が経過すると支払場所は効力を失い、支払地内の債務者の営業所・住所に呈示すべきとされています（最判昭和42・11・8民集21巻9号2300頁）。支払呈示期間経過後も支払場所として記載されている金融機関店舗の口座に資金を保持する必要があるとすると、振出人の資金活用を阻害することになるということが、その理由です。

4 | 満期前の支払呈示も可能である

　所持人は、満期前に手形の支払呈示をしても、振出人は、支払を強制されませんが、任意に支払うことはできます。しかし、その場合、振出人は、支払免責の規定の保護は受けることができず、自己のリスクで支払を行うこととなります（手形法77条1項3号・40条2項）。

> ☞ **遡求権**　手形・小切手を適法に提示したにもかかわらず、不渡り等によって支払が拒絶された場合、所持人が裏書人等に手形・小切手の金額を請求することができる権利のことをいう。

IV

手形・小切手

9 遡求とはどのようなことか

1 手形金の支払がない場合に裏書人に請求できる権利である

　所持人が約束手形の振出人に満期に支払呈示したにもかかわらず、振出人が手形金を支払わない場合、あるいは、満期前でも、振出人に手形金の支払の見込みがないと認められる場合、所持人は、自分より前に手形の署名をした裏書人に対して手形金の請求をすることができます。これを遡求といいます。

　遡求に応じて手形金の支払をした裏書人はそれより前に手形に署名した裏書人に対して再遡求することができます（手形法77条1項4号・43条・49条）。

　手形債務者である振出人、裏書人、保証人は、所持人に対して合同責任を負っているので（同法77条1項4号・47条1項）、所持人は、自らに対して裏書をした裏書人に対して遡求権を行使できますが、それと同時にまたはそれと別に、その裏書人の前者となる裏書人に対しても遡求権を行使することができます。

2 遡求をするには有効な呈示が必要である

(1)　有効な支払呈示

　所持人が振出人に対して支払呈示期間内に有効に支払呈示をしたにもかかわらず、振出人が支払を拒絶したことが、遡求権行使の要件です。

　したがって、確定日払手形の振出日白地の手形や受取人白地の手形であっても、手形要件を欠く以上、その支払呈示は無効であることから、遡求権は保全されません。

(2) 拒絶証書の作成

　所持人が遡求権を行使するため、本来、支払拒絶されたことを拒絶証書で証明する必要があるものとされています（手形法77条1項4号・44条1項）。ただ、統一手形用紙では、その裏書人欄に「拒絶証書不要」の文言が印字されているので、実務上、拒絶証書が作成されることはありません。

(3) 遡求の通知

　所持人は、手形の支払が拒絶されたときは、呈示の日に次ぐ4取引日以内に自らに対する直接の裏書人に対して支払拒絶があった旨の通知をしなければなりません。

　また、この通知を受けた裏書人は自らに対する直接の裏書人に対して当該通知を受けた日に次ぐ2取引日以内に通知をする必要があります（同法77条1項4号・45条1項）。

10 手形の時効はどのようになっているか

1 手形の時効期間は振出人・遡求義務者によって異なる

手形法上、手形の所持人がその権利を一定期間行使しない場合に、手形債務者に対する権利が時効により消滅します。

この時効期間は、次のようになっています。

① 振出人に対する権利……満期日から3年

② 所持人の裏書人に対する遡求権……1年間

③ 裏書人の他の裏書人に対する遡求権……遡求義務者が手形の受戻しを受けた日・またはその者が訴えを受けた日から6か月

2 手形の時効の完成猶予事由には裁判上の請求、差押え等がある

所持人が時効の完成猶予の効力を生じさせるためには、手形債務者に対して、裁判上の請求、支払督促、差押え・仮差押え・仮処分をする必要があります（民法147条～149条）。また、手形債務者が手形債務を承認した場合は時効の更新となり、承認した時点から新たな時効が進行します（同法152条）。

裁判外の請求である催告も時効完成猶予の効力がありますが、時効完成猶予期間中（6か月）に再度の催告をしてもその効力は生じません（同法150条）。

なお、権利の上に眠る者を保護しないという時効制度の趣旨に鑑みれば、手形金請求の意思が明確になれば、有効な支払呈示がなかったとしても、時効の完成猶予を認めても差し支えないと考えられます。

債権法改正前の民法下の判例でも、手形の呈示がなくとも「催告」としての効果を認めており（最判昭和38・1・30民集17巻1号99頁）、

また、白地手形による手形金訴訟の提起にも「裁判上の請求」としての効果を認めています（最判昭和41・11・2民集20巻9号1674頁）。

【手形の時効期間】

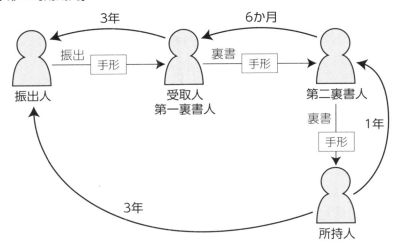

11 白地手形とはどのような手形か

1 | 手形要件の一部を記載せずに振り出される手形である

　手形は厳格な要式証券ですので、手形要件が1つでも欠けていると、手形としては無効です。しかし、振出人が、後日、所持人に手形要件を補充させる意思を持って、手形要件の一部を記載せずに署名をして手形を振り出す場合があります。このような手形を白地手形といいます。

2 | 白地手形は無効な手形とは異なる

　白地手形は、手形要件を欠いているという点で無効な手形と同様ですが、白地が補充されることを条件として発生する手形上の権利と白地補充権が手形上に表章されていると考えられており、この点で、単純な無効手形とは異なります。

　したがって、白地手形は、その流通面においては、商慣習法上、有効な手形と同様に取り扱われています。

3 | 権利行使の際は白地を補充する必要がある

　白地手形は、白地が補充されるまでは未完成な手形であり、したがって、白地が補充されず白地のまま支払呈示をしても、有効な支払呈示とは認められず、遡求権は保全されません。

　ただ、確定日払手形の振出日や受取人が白地の手形については、当座勘定規定17条に、「確定日払の手形で振出日の記載がないものまたは受取人の記載のない手形が呈示されたときは、そのつど連絡することなく支払うことができるものとします。」と規定されており、金融機関は、このような白地手形が呈示された場合は支払うことができます。

4 白地を不当に補充されてもその効力が生じる

白地補充権は、振出人の意思に沿うように、所持人が補充する必要があります。しかし、手形金額や満期等が不当に補充された場合、補充された金額や満期を善意・無重過失で信じた手形の取得者は、補充された金額、満期に従って、振出人に対して手形金を請求することができるものとされています（手形法77条2項・10条）。

5 白地補充権の時効期間は5年である

白地手形のまま支払呈示をしても、遡求権は保全されませんが、振出人の手形債務は、前述のとおり、満期日から3年以内に裁判上の請求等を行えば時効の完成猶予の効力が生じ、白地補充をすれば、有効に手形金の請求ができます。

ただ、満期日自体が白地の場合は、手形上の権利の時効を問題とすることができないので、白地補充権の時効が問題となり、債権法改正前の民法下において、商法522条を類推適用して、その時効期間を5年間とした判例があります（最判昭和36・11・24民集15巻10号2536頁）。この判例に従えば、債権法改正後の民法下においては、権利を行使することができることを知った時から5年、または権利を行使できる時から10年となるものと思われます。

手形を紛失した場合はどのようにするのか

1 公示催告手続をとる必要がある

手形を喪失した場合であっても、**善意取得**(※)者が現れない限り、手形を喪失した者が手形上の権利者のままです。しかし、手形は有価証券である以上、手形を所持せずに、手形上の権利を行使することはできません。また、手形を喪失した者は、手形の善意取得者が現れると、手形上の権利を失うという不安定な地位に置かれます。

そこで、喪失した手形を無効として、手形を喪失した者に手形所持人としての地位を回復させることが必要であり、それが公示催告・除権決定の制度です。

手形の最終所持人であった手形を喪失した者は、まず、支払地を管轄する簡易裁判所に公示催告の申立をします。

この申立を受けた裁判所は、公示催告期日までに手形所持人は権利を争う旨の申述をし、かつ、手形を提出すべきこと、および申述なき場合は手形が無効となることを公示催告します（非訟事件手続法101条・117条）。

公示催告期日までに権利を争う旨の申述がない場合は、除権決定がなされます。

2 除権決定がなされると手形は無効になる

除権決定がなされると、手形は無効と宣言され、申立人は手形所持人としての地位を回復します（非訟事件手続法106条）。したがって、申立人は実際に手形を所持していなくとも、手形上の権利を行使することができます。

もっとも、除権決定は、申立人が、それ以後、手形所持人たる地位を回復するものであるにとどまり、申立人が手形上の権利者であることを確定するものではありません。

　したがって、除権決定の前に、手形を善意取得した者が現れた場合は、除権決定がなされても、その善意取得者は手形上の権利を失いません（最判平成 13・1・25 民集 55 巻 1 号 1 頁）。

　しかし、除権決定後に手形を取得した者は、無効な手形の取得者にすぎないことから、手形上の権利を善意取得することができません。

> ☞ **手形の善意取得**　手形の譲渡人が無権利者であっても連続した裏書のある手形の譲受人は、譲渡人が無権利者であることを知らずかつ重大な過失もなく取引によってその手形を取得した場合は手形上の権利を取得するという制度である。

IV

手形・小切手

13 小切手の法的性質はどのようなものか

1 小切手は振出人が支払人に支払の委託をするものである

小切手の法的性質は、振出人が支払人に対して一定の金額の支払を委託する支払委託と解されています。

具体的には、振出人が、支払人である金融機関との間で、小切手法3条に定める契約（当座勘定取引契約）を締結することにより、当該振出人が振り出した小切手が呈示された場合に支払を行うことを、当該金融機関に対して、委託するものです。

この当座勘定取引契約により、支払人である金融機関は、呈示された小切手について支払を行う義務を負担することになります。ただ、これは、あくまで、当該金融機関の振出人に対する義務であって、小切手の所持人に対する義務ではないことに留意を要します。

2 自己宛小切手の法的性質は小切手の売買である

小切手には、金融機関が自金融機関を支払人として振り出した自己宛小切手（預手）というものがあります。

自己宛小切手は、取引先の依頼に応じて金融機関が自己を支払人として振り出す小切手のことをいいます。金融機関が自店を振出人として振り出す自己宛小切手を預金小切手（預手）といいます。

この場合、振り出す資金は取引先が金融機関に提供するため（取引先からの入金あるいは取引先の預金口座からの引き落とし）、自己宛小切手の法的性質は小切手の売買であると解されています。

したがって、通常の小切手と異なり、発行金融機関と発行依頼人の間で支払委託の関係は存在しません。そのため、自己宛小切手について事

故届があっても、支払委託の取消しの効果は生じません。また、事故届が提出された場合であっても、発行依頼人は発行金融機関による自己宛小切手の支払を法的に止めることはできません。

　自己宛小切手は、金融機関が振出人兼支払人として振り出す小切手ですので信用力が高く、実際の取引においては現金と同視されています。

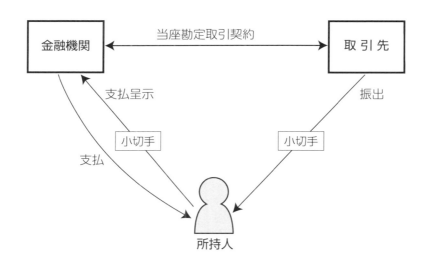

手形・小切手

14 小切手の支払呈示はどのようになっているか

1 | 小切手は呈示されたらすぐに支払う必要がある

　小切手は一覧払のものとされており、これに反する記載をしても、その記載はないものとみなされるため、支払呈示がなされれば金融機関は直ちに支払を行う必要があります。

　いわゆる先日付小切手（実際に振り出された日よりも将来の日付を振出日として記載した小切手のこと）についても、振出日として記載された日よりも前に支払呈示がされた場合には、その呈示の日に支払を行わなければなりません（小切手法 28 条 2 項）。

　もっとも、先日付小切手については、振出人と受取人の間で振出日まで支払呈示を行わない旨の特約がなされている例が多いことから、実務上は、取引先の資金繰りを考慮して、振出人に連絡をしてから支払を行うのが通例となっています。

2 | 支払呈示期間は振出日から10日間である

　国内において振り出し、かつ、支払うべき小切手の支払呈示期間は、振出日から 10 日間とされています（小切手法 29 条 1 項）。この期間には初日は算入されません（同法 61 条）。

　支払呈示期間の末日が法定の休日である場合には次の取引日まで支払呈示期間が延長されますが、支払呈示期間中に休日があっても支払呈示期間は延長されません（同法 60 条 2 項）。

　先日付小切手の場合、支払呈示期間は、実際の振出日ではなく、小切手に記載された振出日を基準として計算されます。

　支払呈示期間経過後も、支払委託の取消しがない限り、支払人である

金融機関は、支払を行うことができるため（同法32条2項）、支払呈示期間経過後に小切手を交換に付すことはできますが、適法な呈示とならないため、遡求権を行使することはできません。

3 │ 支払委託の取消しは呈示期間経過後にのみ効力が生じる

金融機関が、その取引先から、振り出した手形につき支払を行わないよう申出を受けることがあります。これは、取引先が金融機関へ支払を委託する旨の契約の解約に該当します。このような契約は委任契約の性質を有することから、民法上は、当事者がいつでも解約できるのが原則です（民法651条1項）。

もっとも、それでは小切手の所持人の地位が不安定になることから、小切手法では、支払委託の取消しは、支払呈示期間経過後にのみ効力を生じるとされています（小切手法32条1項）。

ただ、実務上は、金融機関は、取引先から支払委託の取消しの申出を受けた場合には、呈示期間内であっても、不渡事由に該当するものとして支払を拒絶しています。

なお、支払委託の取消しがない限り、支払人である金融機関は、呈示期間経過後であっても支払を行うことができます（同条2項）。

手形・小切手

15 線引小切手とはどのようなものか

1 | 線引小切手には一般線引小切手と特定線引小切手がある

　一般線引小切手とは、小切手の表面に2本の平行線を引いたもの、あるいは、その平行線の間に「銀行」「Bank」等、銀行またはこれと同一視できる文字を記載したものです。

　特定線引小切手とは、小切手の表面に2本の平行線を引き、その平行線の間に特定の金融機関名を表示したものです。

2 | 特定線引小切手を一般線引小切手にすることはできない

　一般線引小切手を特定線引小切手に変更することはできますが、特定線引小切手を一般線引小切手にすることはできません（小切手法37条4項）。

　また、線引の抹消や、特定線引小切手で記載された特定銀行の抹消をしても、その抹消はなかったものとみなされます（同条5項）。

3 | 取引先または特定の金融機関にのみ支払できる

　一般線引小切手については、支払人において、金融機関に対して、または支払人の取引先に対してのみ支払を行うことができます（小切手法38条1項）。

　特定線引小切手については、支払人は、その平行線の間に記載した特定の金融機関に対してのみ、または、当該金融機関が支払人となるときはその取引先に対してのみ、支払を行うことができます（同条2項）。ただし、当該金融機関は、他の金融機関をして小切手の取立を行わせることはできます。

4 | 自己の取引先または金融機関のみから受入れできる

　線引小切手については、金融機関は、自己の取引先または他の金融機関からのみ、譲渡を受けることや、取立委任を受けることができます（小切手法38条3項）。

5 | 線引小切手における取引先とは身元が判明している先である

　小切手法38条における「取引先」とは、取引を通じて身元がわかっている者をいうとされており、当座勘定取引先や融資取引先は、これに含まれます。

6 | 裏判のある線引小切手はその所持人に支払うことができる

　取引先でない者から線引小切手の支払呈示を受けた金融機関は、本来、その支払を拒絶するべきですが、小切手の裏面に振出人の当座勘定取引用印鑑が押印されている場合または振出人の署名がなされている場合には、金融機関は当該小切手の支払呈示がなされれば支払を行うという慣行が取引界に存在していました。

　このような慣行をふまえて、当座勘定規定では、金融機関は、線引小切手が呈示された場合、その裏面に届出印の押捺（または届出の署名）があるときは、その持参人に支払うことができる旨が規定されています（当座勘定規定18条）。

IV

手形・小切手

4 手形交換

16 手形交換制度とはどのようなものか

1 電子交換所において手形を決済する制度である

　手形交換とは、電子交換所に参加する金融機関が、取引日ごとに相互に取引先等から取立の依頼を受けた手形や小切手等の証券類（以下「手形等」という）の支払呈示を行い、交換し合い、集団的に資金決済を行う仕組みです。

　令和4年11月まで手形交換は、金融機関が申し合わせによって取引先等から受け入れた手形等を人手で全国各地の手形交換所に搬送し、物理的に手形交換を行っていました。しかし、交換コストの削減、遠隔地取立における時間短縮等を目的として、令和4年11月より手形交換は、全国統一の電子交換所を通じて金融機関が手形のイメージデータを送受信することによって行う方式に移行しました。もっとも、これは手形・小切手機能の全面的電子化が実現するまでの過渡期対応とされています。

　手形等の所持人は、その支払を受けるためには支払呈示期間内に当該手形等を支払金融機関（約束手形の支払場所として指定された金融機関または小切手の支払人である金融機関をいう場合がある）に呈示する必要がありますが、この支払呈示は、前述のとおり、電子交換所に対する呈示（交換呈示）により行われるのが一般的です。

2 手形交換制度の具体的な仕組みは次のとおりである

① 手形所持人は、自己の取引金融機関であるX金融機関A支店に対して手形等の取立委任をします。

② 当該手形等は、X金融機関の手形交換に関する事務を行う店舗または事務所（以下「交換参加店」という）に集められます。

③　交換参加店は、集められた手形等について、原則として交換日前営業日までに、電子交換所に手形等のイメージデータをアップロードする方法によって持ち出します。この場合に持ち出す手形を「持出手形」、持出手形を持ち出す金融機関を「持出金融機関」といいます。

④　次に、Ｘ金融機関は、自らが支払金融機関となっている手形等のイメージデータをダウンロードし、これにより形式点検や印鑑照合等の事務を進めます。この場合に、手形等のイメージデータを受領する金融機関を「持帰金融機関」といい、持帰金融機関が受け取る手形を「持帰手形」といいます。

　なお、持出手形の現物は、持出金融機関において少なくとも３か月間保管されます。

⑤　電子交換所にそれぞれアップロードされたデータをもとに、電子交換所システム上で各参加金融機関に手形交換の結果が作成されます。そして、各参加金融機関間の相互の決済は、原則として日本銀行本店にある参加金融機関の当座勘定の振替によって行われます。

⑥　各支払金融機関は持帰手形について手形等についての支払を拒絶する事由（以下「不渡事由」という）の存否を確認し、不渡事由がある場合には、その旨を電子交換所に届け出ることにより電子交換所を通じて持出金融機関に通知されます。

手形・小切手

17 手形・小切手の不渡事由にはどのようなものがあるか

1 ｜ 0号不渡事由、第1号不渡事由、第2号不渡事由がある

　手形・小切手の不渡事由は、電子交換所規則において定められており、大きく分けて、０号不渡事由（不渡情報登録が不要であって不渡処分の対象外となるもの）、第１号不渡事由（異議申立ができないもの）および第２号不渡事由（異議申立ができるもの）に分けられます。具体的には次のとおりです。

(1)　０号不渡事由（不渡情報登録は不要）

　具体的には以下のものがあります。

　①　手形法・小切手法等による事由（適法な呈示と認められない場合）

　形式不備（振出日および受取人の記載のないものを除く）、裏書不備、引受なし、支払呈示期間経過後（手形に限る）、支払呈示期間経過後かつ支払委託の取消し（小切手に限る）、期日未到来、除権決定

　②　破産法等による事由（財産処分が制限されている場合）

　破産法等に基づく財産保全処分等、破産手続開始決定等の倒産手続開始決定等

　③　案内書未着等による事由

　案内未着、依頼返却、該当店舗なし、レート相違・換算相違、振出人等の死亡、再交換禁止

　④　その他による事由

　上記①、②、③の各不渡事由に準ずる事由

(2)　第１号不渡事由（第１号不渡情報登録が必要）

　第１号不渡事由は以下の２つです。第１号不渡情報登録に対しては異

議申立はできません。

① 資金不足（手形の呈示の時点で当座勘定取引はあるがその支払資金が不足する場合）

② 取引なし（手形の提示の時点で当座勘定取引のない場合）

(3) 第2号不渡事由（第2号不渡情報登録が必要）

0号不渡事由・第1号不渡事由以外のすべての不渡事由が該当します。例示すると次のとおりです。これについては異議申立ができます。

契約不履行、詐取、紛失、盗難、印鑑（署名鑑）相違、偽造、変造、取締役会承認等不存在、金額欄記載方法相違（金額欄にアラビア数字をチェック・ライター以外のもので記入した場合等）、約定用紙相違（銀行所定の用紙以外を使用した場合）

2 不渡事由が重複する場合の取扱いは以下のとおりである

(1) 0号不渡事由と第1号不渡事由または第2号不渡事由の重複

0号不渡事由が優先するものとされており、不渡情報登録を要しません。

(2) 第1号不渡事由と第2号不渡事由の重複

第1号不渡事由が優先するため、第1号不渡情報登録によります。ただし、第1号不渡事由と偽造または変造とが重複する場合は、第2号不渡情報登録によります。

手形・小切手

18 取引停止処分とはどのような ものか

1 取引停止処分によって当座および貸出取引が禁止される

　電子交換所は、電子交換所システム上で不渡発生の登録があった場合、不渡情報登録に対して異議申立が行われた場合その他一定の場合を除き、電子交換所システムを通じて、不渡報告に掲載して参加金融機関へ通知します。

　一度不渡報告がなされた者について、その不渡情報登録に係る手形の交換日から起算して6か月以内の日を交換日とする手形・小切手が再び不渡りになり、2回目の不渡情報登録が行われたときは、不渡情報登録に対して異議申立が行われた場合等を除き、取引停止処分に付されます。

　取引停止処分がなされると、電子交換所の参加金融機関は、取引停止処分日から起算して2年間、取引停止処分を受けた者との当座勘定および貸出取引が禁止されます。

　例外的に、債権保全のための貸出は許されていますが、これは従来からの貸出の継続を認めるものであり、新規の貸出を認めるものではないとされています。

2 取引停止処分が金融機関の過誤による場合は取消しを行う

　不渡報告または取引停止処分が参加金融機関の取扱錯誤による場合には、当該金融機関は電子交換所に対し、電子交換所所定の方法にて不渡報告または取引停止処分の取消しを請求しなければなりません。

　また、不渡報告または取引停止処分が参加金融機関以外の金融機関の取扱錯誤による場合には、参加金融機関は当該金融機関の依頼に基づき、電子交換所に対して、電子交換所所定の方法にて不渡報告または取引停

止処分の取消しを請求することができます。

　電子交換所は、これらの請求を受けた場合には、直ちに不渡報告または取引停止処分を取り消します。

3 ｜ 不渡手形は不渡事由を登録して翌営業日に返還する

　電子交換所の参加金融機関は、持帰手形のうちに不渡手形があるときは、交換日の翌営業日午前 11 時までに、電子交換所システム上で不渡発生の情報を登録します。そして、交換日の翌営業日の交換尻決済において不渡手形に係る代り金を受け取ります。また、持出金融機関は、電子交換所に代わり、不渡返還の対象となった手形に不渡事由を記載した付箋を貼付します。

　電子交換所から参加金融機関への不渡報告・取引停止報告は、その交換日から起算して 4 営業日目に通知されます。

手形・小切手

19 不渡異議申立とはどのようなものか

1 不渡異議申立は第2号不渡事由の場合のみ認められる

　取引停止処分がなされた場合、当座勘定取引および貸出が禁止され、振出人の経済活動が大きく制限されることになるため、支払義務者の不払に正当な抗弁事由がある場合には、不渡処分を猶予する制度を設ける要請があります。それが、不渡異議申立制度です。

　不渡異議申立は、不渡事由が第2号不渡事由の場合に、手形・小切手の振出人等が、呈示された手形・小切手の金額に相当する資金を支払金融機関に預託し（この資金を異議申立預託金という）、これを受けて、支払金融機関が異議申立書を交換所に提出することによって行います。

　この異議申立預託金の法的性質は、異議申立という委任事務を行うための前払費用と解されています。

2 偽造・変造の場合は異議申立預託金の預託が免除される

　不渡事由が偽造または変造の場合は、異議申立預託金の預託について免除の請求を行うことができます。この請求を行う際には、一定の証明資料の添付を要します。

3 異議申立預託金は一定の事由がある場合に返還許可される

電子交換所規則では返還許可事由として次のものが定められています。
① 　不渡事故が解消し、持出金融機関から交換所に不渡事故解消届が提出された場合
② 　別口の不渡により取引停止処分が行われた場合
③ 　支払金融機関から不渡報告への掲載または取引停止処分を受ける

こともやむを得ないものとして異議申立の取下げの請求があった場合

④　異議申立をした日から起算して2年を経過した場合

⑤　当該振出人等が死亡した場合

⑥　当該手形の支払義務のないことが裁判（調停、裁判上の和解等確定判決と同一の効力を有するものを含む）により確定した場合

⑦　持出金融機関から交換所に支払義務確定届または差押命令送達届が提出された場合

⑧　支払金融機関に預金保険法に定める保険事故が生じた場合

　上記③によって異議申立預託金の返還を許可した場合には、その許可日を交換日とする不渡情報登録が提出されたものとみなし不渡処分がなされます。

　上記の①ないし⑧のほか、支払金融機関は、手形の不渡が偽造、変造、詐取、紛失、盗難、取締役会承認等不存在その他これらに相当する事由によるものと認められる場合には、交換所に対し、異議申立預託金の返還許可を請求することができます。

　この請求を受けた電子交換所は、不渡手形審査専門委員会の審議に付し、その請求を理由があると認めたときは、異議申立預託金の返還を許可します。

電子記録債権

1 電子記録債権とはどのような ものか

1 電子債権記録機関の記録原簿に記載された金銭債権である

　電子記録債権とは、電子債権記録機関が作成する記録原簿へ記録することにより発生、譲渡がなされる金銭債権です。

2 電子記録債権はコスト削減、盗難・紛失リスクを回避できる

　従来の短期の資金調達手段の典型例としては、手形や通常の債権譲渡が挙げられます。しかし、手形については、従前より、①作成・交付・保管にコストがかかる、②盗難・紛失のリスクがある、③分割が不可能である点がデメリットとされていました。

　これに対して、電子記録債権は、電子債権記録機関が作成する記録原簿へ記録することにより発生し、その管理も記録原簿でなされ、また、電子記録債権は分割が可能であることから、上記①～③のデメリットが克服されます。

　また、通常の債権譲渡については、従前より、①譲渡対象債権の不存在・二重譲渡のリスクがある、②債務者対抗要件として債務者への通知が必要である、③人的抗弁を主張されるリスクがある点がデメリットとされていました。

　これに対して、電子記録債権は、記録原簿により債権の存在および帰属が可視化されること、また、債務者対抗要件としての債務者への通知は不要であり、かつ、原則として人的抗弁は切断されることから、上記①～③のデメリットが克服されます。

2 電子記録債権はどのような場合に発生するのか

1 発生記録によって電子記録債権が発生する

電子記録債権は、発生記録をすることによって生じます（電子記録債権法 15 条）。発生記録の必要的記載事項として以下のものがあります（同法 16 条 1 項）。

①債務者が一定の金額を支払う旨、②支払期日、③債権者の氏名または名称および住所、④債権者が 2 人以上ある場合において、その債権が不可分債権であるときはその旨、可分債権であるときは債権者ごとの債権の金額、⑤債務者の氏名または名称および住所、⑥債務者が 2 人以上ある場合において、その債務が不可分債務または連帯債務であるときはその旨、可分債務であるときは債務者ごとの債務の金額、⑦記録番号、⑧電子記録の年月日

①～⑥の記載を 1 つでも欠いた場合には電子記録債権は発生しません（同法 16 条 3 項）。

また、必要的記載事項のほか、手形に比べて多くの任意的記載事項が認められています（同条 2 項）。

2 発生記録は電子記録権利者と義務者の双方が請求する

発生記録は、原則として、電子記録権利者および電子記録義務者の双方の請求によります（電子記録債権法 5 条 1 項）。電子記録権利者および電子記録義務者の双方が共同して請求していない場合には、これらのすべての者が当該請求をした時にその効力が生じます（同条 3 項）。

電子記録債権

電子記録債権の譲渡・分割はどのようにするのか

1 | 電子記録債権は譲渡記録によって譲渡される

　電子記録債権の譲渡は、譲渡記録をすることによって生じます（電子記録債権法17条）。同法において、発生記録の必要的記載事項として、①電子記録債権の譲渡をする旨、②譲渡人が電子記録義務者の相続人であるときは、譲渡人の氏名および住所、③譲受人の氏名または名称および住所、④電子記録の年月日が挙げられており（同法18条1項）、また、一定の任意的記載事項も認められています（同条2項）。

2 | 電子記録債権に譲渡禁止を付すことができる

　電子記録債権には、発生記録において譲渡制限を付すことができますが（電子記録債権法16条2項12号）、その場合は譲渡をすることができません。

　また、電子記録債権の譲渡については、回数の制限等、譲渡の制限を付することもできます。

3 | 電子記録債権は分割することもできる

　電子記録債権は、電子記録債権法の規定により、分割をする電子記録債権が記録されている債権記録（以下「原債権記録」という）および新たに作成する債権記録（以下「分割債権記録」という）に分割記録をすると同時に原債権記録に記録されている事項の一部を分割債権記録に記録することによって、分割することができます（電子記録債権法43条1項・2項）。

　この分割記録の請求は、分割債権記録に債権者として記録される者だけですることができます（同条3項）。

4 電子記録債権はどのような場合に消滅するのか

1 債務者の弁済によって消滅する

　債務者が債権者に対し電子記録債権に係る債務相当額の現金を弁済として支払えば、電子記録債権は消滅します。電子記録債権の消滅については、「支払等記録」をすることができますが、電子記録債権法は、発生記録や譲渡記録と異なり、「支払等記録」を電子記録債権の消滅の要件とはしていません。

　しかし、電子記録債権について弁済が行われていながら、「支払等記録」が行われなかった場合に、当該電子記録債権が譲渡記録により譲渡され、当該譲受人から債務者に対し支払が請求されたときは、債務者は当該譲受人が債権の消滅について善意であれば、当該消滅を対抗できないこととなります。

　電子記録債権の債権者は、単独で「支払等記録」の請求ができるものとされています（電子記録債権法 25 条 1 項）。

　電子記録債権については、取引の安全を図る見地から、電子記録名義人に対してした電子記録債権についての支払は、当該電子記録名義人がその支払を受ける権利を有しない場合であっても、当該支払をした者が悪意または重過失でない限り、その効力を有するとされています（同法 21 条）。

2 電子記録債権は3年で時効消滅する

　電子記録債権は、これを行使することができる時から 3 年間行使しないときは、時効によって消滅します（電子記録債権法 23 条）。

内国為替

1 内国為替制度

1 為替の定義・役割とはどのようなものか

1 為替取引は隔地者間の資金移動・決済を行う制度である

　為替取引は、銀行法上、銀行の本来業務とされており（銀行法10条1項3号）、為替取引を行うことができるのは、内閣総理大臣の免許を受けた銀行に限られています（同法2条2項2号・4条1項）。

　もっとも、信用金庫、信用組合、農業協同組合、漁業協同組合等の預金取扱金融機関は、個別の法律によって為替取引を行うことが認められています。

　また、資金決済に関する法律に基づき資金移動業者として登録された者も、法令で種別ごとに設定された送金額の範囲内に限り、為替取引を行うことが認められています（資金決済に関する法律37条）。

　為替取引の定義について、銀行法上、明文の規定は置かれていないものの、判例上、いわゆる地下銀行の送金事案において「『為替取引を行うこと』とは、顧客から、隔地者間で直接現金を輸送せずに資金を移動する仕組みを利用して資金を移動することを内容とする依頼を受けて、これを引き受けること、又はこれを引き受けて遂行することをいう」とされており（最判平成13・3・12刑集55巻2号97頁）、これが「為替取引」の定義を表したものとして一般的に参照されています。

　具体的には、①金融機関が顧客から振込依頼を受けて振込資金を預かり、これを受取人に送金する業務（送金為替、順為替）や、②金融機関が顧客から手形・小切手等の証券類を預かり、これを支払人に請求して取り立てる業務（取立為替、逆為替）が、例として挙げられます。

2 | 為替取引は経済社会において重要な役割を果たしている

(1) 経済取引社会における機能

　金銭債権・金銭債務の決済や資金の移動は、現金によって行うことも可能ですが、その場合、現金の持参や輸送の際に紛失・盗難のリスクがあるとともに、多大な時間と費用を要します。また、たとえば、手形・小切手の所持人が個別に支払人に直接支払呈示をして請求しなければならないとすると、この場合も多大な時間と費用を要します。

　そこで、このようなリスクを回避するとともに、時間および費用を節約するため、信用ある金融機関を仲介者とする為替取引が利用されています。

　このような簡易・迅速かつ確実な決済あるいは資金の移動という為替取引の機能は、経済取引社会において重要かつ不可欠な機能を果たしています。

(2) 金融機関の経営における機能

　金融機関は為替取引業務によって為替手数料を得ることができます。また、受取人の預金口座への振込金や、手形・小切手の取立依頼人の預金口座に入金した取立代り金が、預金としてとどまることによる預金獲得機能という側面も有しています。

VI

内国為替

2 振 込

振込の法律関係はどのようになっているか

1 | 振込の当事者は、依頼人、仕向金融機関、被仕向金融機関である

　振込における各当事者間の法律関係としては、①依頼人と仕向金融機関、②仕向金融機関と被仕向金融機関、③被仕向金融機関と受取人の関係が存在します。

　上記以外の当事者間に関しては、為替取引上の直接の法律関係は存在しません。振込取引の具体的内容は次のとおりです。

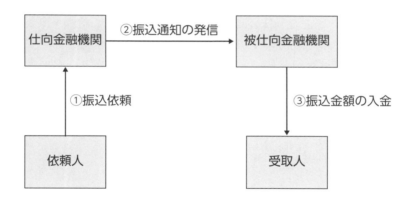

① 　依頼人が仕向金融機関に振込事務の処理を委任する委任契約

② 　内国為替取扱規則の定め等を内容とする為替取引契約（仕向金融機関の被仕向金融機関に対する受取人の預金口座への振込金の入金の委託を中心とする）

③ 　振込契約という側面からの直接の法律関係はない。ただし、被仕向金融機関と受取人の間には預金契約上の法律関係は存在し、預金規定において被仕向金融機関が振込金を受取人の口座にて受け入れ

る旨が定められている。

2 │ 依頼人と仕向金融機関は振込契約に基づく委任の関係にある

振込における依頼人と仕向金融機関の間の法律関係は振込事務の処理を内容とする委任ないし準委任の関係にあると解されています（東京地判昭和 41・4・27 金融・商事判例 14 号 2 頁）。

委任契約は、当事者の申込と承諾によって成立する諾成契約であるため、依頼人が仕向金融機関に対して振込の依頼（振込契約の申込）を行い、仕向金融機関がこれを承諾することにより、振込事務の処理を内容とする委任契約（以下「振込契約」という）が成立します。

振込資金については、現金またはこれと同視できるものに限られます。現金と同視できるものとは、決済確実な自店払の当座小切手や、普通預金からの払戻しもしくは引落資金等を指します。

なお、一般線引小切手は、自己の取引先または他の金融機関からしか取得することができませんので（小切手法 38 条 1 項）、振込資金としてであっても、一般線引小切手を取引関係のない依頼人から受け付けることはできません。

振込契約が成立すると、依頼人は仕向金融機関に対して、委任事務処理費用の前払（民法 649 条）たる性質の振込資金と、委任事務の処理に係る報酬（同法 648 条、商法 512 条）たる性質の振込手数料を支払う義務を負担します。

一方、仕向金融機関は、振込契約の成立により、依頼人に対して委任契約の受任者として**善良な管理者の注意**（※）を持って、振込通知の発信等の振込事務を行う義務を負担します（民法 644 条）。

☞ **善良な管理者の注意義務**　職業、経験、社会的地位等に応じて通常期待される注意義務のことをいう。

VI

内国為替

3 | 仕向金融機関と被仕向金融機関は為替取引に基づく委任の関係にある

　仕向金融機関と被仕向金融機関の間の法律関係は、内国為替取扱規則の定め等を内容とする為替取引契約です。

　この為替取引契約の基本は、仕向金融機関から被仕向金融機関に対して、受取人の預金口座への振込金額の入金を委託する委任関係とされています。そのため、被仕向金融機関は、仕向金融機関に対して、受任者として善良な管理者としての注意を持って振込事務を処理する義務を負担します。

4 | 被仕向金融機関と受取人との間には為替関係は存在しない

　被仕向金融機関と受取人との間で振込契約という側面からの直接の法律関係はありません。

　しかしながら、被仕向金融機関が仕向金融機関からの振込通知に基づき、振込資金を受取人の預金口座に入金すると、受取人は振込金額と同額の被仕向金融機関に対する預金債権を取得するのであって、預金契約上の法律関係は存在します。

　すなわち、普通預金規定や当座勘定規定に基づき、被仕向金融機関は、あらかじめ包括的に、現金等の振込資金等を受け入れることを承諾し、受入れの都度受取人の預金口座に入金し、かつ、受取人もこの入金の受入れを承諾して預金債権を成立させる意思表示をしているのです。

3 被仕向金融機関の義務はどのようになっているか

1 仕向金融機関に対して委任契約上の義務を負う

　仕向金融機関と被仕向金融機関の間の為替取引契約の基本は、仕向金融機関から被仕向金融機関に対して、受取人の預金口座への振込金額の入金を委託する委任関係とされています。

　そのため、被仕向金融機関は、仕向金融機関に対して、受任者として善良な管理者としての注意を持って、かかる振込事務を処理する義務を負います。

2 受取人に対しては振込金の入金義務を負う

　被仕向金融機関と受取人は、普通預金規定や当座勘定規定に基づき、為替による振込金の受入れを約していることから、被仕向金融機関は、受取人に対して、振込通知を受信した場合には遅滞なく受取人の預金口座に振込資金を入金する義務を負います。

　特約がない限り、被仕向金融機関は受取人に対して振込による入金があったことの通知義務を負うわけではありません（預金契約上の義務でもない）。

　ただ、被仕向金融機関は、受取人から入金の有無について照会を受けた場合には、これに応じる必要があります。

VI

内国為替

3 代金取立

代金取立とはどのようなものか

4

1 取引先等の依頼により手形・小切手等を取り立てることである

　代金取立とは、金融機関が自店の取引先または本支店あるいは他金融機関から手形・小切手その他の証券類の取立依頼を受け、これを支払人に請求して代り金を取り立てることをいいます。

　代金取立の特徴として、為替取引の支払人から依頼人に向けて資金の移動が行われることが挙げられます（逆為替）。

　代金取立の概要は、以下の図のとおりです。

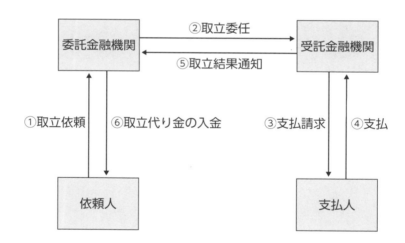

2 代金取立の方式には以下の3つがある

(1) 集中取立

　集中取立は、委託金融機関の集手センター（委託金融機関における手形取立事務の集中部署）と受託金融機関の集手センター（受託金融機関

における手形取立事務の集中部署）との間で、手形期日の一定日前まで
に手形をまとめて授受し、取り立てる方式です。

(2)　期近手形集中取立

　期近手形集中取立は、委託金融機関の集中店と受託金融機関の集中店
との間で、支払期日までの日数が短い手形・小切手について集中取立の
仕組みを利用するものです。

(3)　個別取立

　個別取立は、委託店と受託店の間で証券類を 1 件ごとに授受し、受託
店も当該証券類を 1 件ごとに入金報告または不渡通知を行うものです。

5

代金取立の法律関係はどのようになっているか

1 代金取立には以下のような当事者関係が存在する

代金取立における各当事者間の関係としては、①依頼人と支払人、②委託金融機関と支払人、③依頼人と受託金融機関、④依頼人と委託金融機関、⑤委託金融機関と受託金融機関、⑥受託金融機関と支払人の関係が存在します。

このうち、①、②および③に関しては、為替取引上の直接の法律関係は存在しません。

2 依頼人と委託金融機関は取立を内容とする委任の関係にある

依頼人と委託金融機関の間では、証券類の取立を内容とする委任契約が成立します。そのため、受任者である委託金融機関は、善良な管理者としての注意を持って取立事務を行う義務を負い（民法644条）、取立事務が終了あるいは不渡りとなった場合には、その結果を委任者である依頼人に報告する義務を負います（同法645条）。

取立の対象が手形および記名式小切手の場合には、通常、依頼人は取立委任裏書をして委託金融機関に手形・小切手を交付し、これによって、委託金融機関は手形・小切手から生じる一切の権利を行使する権限を取得します（手形法77条1項1号・18条、小切手法23条）。そのため、依頼人と委託金融機関は、取立委任裏書等の裏書人と被裏書人の関係に立つことになります。

取立が完了すると、取立代り金は依頼人の預金口座に入金されます。このことから、依頼人と委託金融機関の間には条件付準消費寄託契約が成立しているといえます。

3 ┃ 委託金融機関と受託金融機関は取立委任を内容とする委任の関係にある

委託金融機関と受託金融機関は為替取引契約の当事者であり、その間には証券類の取立委任を内容とする委任契約を中心とする法律関係が存在します。そのため、受託金融機関は、委託金融機関に対して、取立の結果を通知する義務を負います（民法645条）。

また、個々の証券類の取立に関しては、依頼人から委託金融機関に付与された代理権が取立委任印の押印等により受託金融機関に再付与されます。

そのため、委託金融機関と受託金融機関は、代理人と復代理人の関係に立つことになります。

4 ┃ 受託金融機関と支払人は直接の法的関係はない

受託金融機関と支払人の間には、代金取立に関して直接の法律関係はありませんが、受託金融機関は証券類等の取立権限に基づき支払人に支払請求を行い、支払人はその支払義務者という関係にあることになります。

そのため、支払人は依頼人に対して有する抗弁をもって受託金融機関に対抗できることになります。

6 委託金融機関の義務はどのようになっているか

1 証券類の保管をする義務を負う

　取引先から証券類の取立依頼を受けた委託金融機関は、受託金融機関に対する取立事務を行うまで、善良な管理者としての注意を持って当該証券類を保管する義務を依頼人に対して負います。

2 証券類の取立をする義務を負う

　委託金融機関は、内国為替取扱規則に定めるところにより、取立依頼を受けた証券類を、各取立方式に従って受託金融機関に送付します。委託金融機関は、依頼人に対して、善良な管理者としての注意を持って、かかる手続をする義務を負います。

3 取立委任印には取立の代理権を授与する意思表示が含まれている

　委託金融機関が受託金融機関宛に証券類の取立依頼をする場合、当該証券類が手形、記名式小切手の場合には取立委任裏書によって、その他の証券類の場合には委任状の添付等によって、委託金融機関から受託金融機関に当該証券類の取立権限を付与します。

　しかし、一時に大量の証券類の取立事務を行う委託金融機関がこのような事務を行うことは負担が大きいため、これらに代わるものとして取立委任印が用いられます。

　取立委任印の押印によって、委託金融機関は受託金融機関に対して、証券類の取立を委任し、その取立代理権を付与する意思表示をするものと解されており、これを受託金融機関が承諾することで、委託金融機関と受託金融機関の間で当該証券類の取立委任を内容とする委任契約が成

立します。

　取立委任印は、取立委任裏書とは異なり、手形法・小切手法によって取立委任裏書に認められる効力と同一の効力を有するものではありません。

　そのため、代金取立の対象となるすべての証券類に使用できるわけではなく、減額取立依頼をするときなどは、正規の取立委任裏書をすることとなっています。

4　取立代り金を入金する義務を負う

　委託金融機関が取立委任を受けた証券類について支払人から支払を受けた場合には、委託金融機関は、依頼人に対して、その取立代り金を依頼人の預金口座に入金する義務を負います。

5　依頼人に不渡証券類の返却等をする義務を負う

　委託金融機関は、受託金融機関から不渡通知を受信した場合には、その旨を依頼人に通知するとともに、受託金融機関から返却された不渡証券類を速やかに依頼人に返却する義務を負います。委託金融機関が不渡証券類を依頼人に返却する場合、委託金融機関は、委託店において返却を行います。

　委託金融機関は、不渡証券類を依頼人に返却する場合には、取立委任印を抹消します。手形について取立委任印を抹消しても、当該手形は裏書連続を欠くことにはなりません。

Ⅵ

内国為替

7 受託金融機関の義務はどのようになっているか

1 証券類の保管をする義務を負う

受託金融機関は、委託金融機関から取立委任を受けた証券類について、支払場所等に支払呈示するまでの間、受任者として善良な管理者としての注意を持って保管する義務を負担します。

2 証券類の取立をする義務を負う

受託金融機関は、委託金融機関から取立委任を受けた証券類について、所定の時期に、支払場所等に支払呈示を行います。手形等の呈示期間のあるものについては、当該支払期間内に支払呈示を行うことが必要である点に注意を要します。

先日付小切手については、委託金融機関は小切手上の振出日よりも前に支払のための呈示をされた場合でも、代金取立として受け付けることができます。

もっとも、受託金融機関は、委託金融機関から振出日取立の依頼を受けた場合には、委任の趣旨に従って取立事務を行う必要があるため、小切手法の規定にかかわらず、委託金融機関の指示に従って振出日に取り立てることを要します。

3 取立結果の通知をする義務を負う

民法上、委任契約の受任者は、委任終了後は遅滞なく、委任者に対してその経過および結果を報告しなければなりません（民法645条）。

そのため、受託金融機関は代金取立の結果を委託金融機関に報告する義務を負います。代金取立において、かかる報告は、入金報告・不渡通

知といった為替通知をもって行われます。

　集中取立および期近手形集中取立の場合、入金報告の発信は、これに代えて、取立手形の合計金額で資金付替を行うことで足りるものとして取り扱われており、不渡通知のみを取立手形1件ごとに発信することとされています。

　個別取立の場合は、入金報告についても不渡通知についても、取立手形1件ごとに行われるものとされています。

　代金取立手形が不渡りとなった場合、受託金融機関は、受託店（手形の支払場所）の所属する手形交換所に不渡届を提出します。

内
国
為
替

■著者紹介■

藤池 智則（ふじいけ とものり）

　弁護士　堀総合法律事務所パートナー　ロンドン大学キングスカレッジLL.M.
千葉大学大学院専門法務研究科非常勤講師（企業法務担当）、日本マルチペイ
メントネットワーク運営機構法務委員長、日本電子決済推進機構法務委員長
〔主要著書・論文〕

『金融機関の法務対策6000講』（金融財政事情研究会、共著）、『スタンダー
ド　営業店の金融法務』（経済法令研究会、共著）

『金融機関の個人情報保護ハンドブック』（金融財政事情研究会、共著）ほか

髙木 いづみ（たかぎ いづみ）

　弁護士・公認不正検査士・金融内部監査士　堀総合法律事務所パートナー
東京大学法学部卒業
〔主要著書・論文〕

『金融機関の法務対策6000講』（金融財政事情研究会、共著）、『新訂 貸出管
理回収手続双書 回収』（金融財政事情研究会、共著）

「ケーススタディ窓口実務」（金融法務事情1766号、1769号、1771号、1774
号、1777号、1779号、1782号、1785号、1787号、1790号、1792号、1795号、
共著）ほか

金融法務入門 ［第2版］

2020年2月15日　　初　版第1刷発行	著　　者	藤　池　智　則
2021年8月2日　　　　　第2刷発行		髙　木　いづみ
2023年2月13日　第2版第1刷発行	発 行 者	志　茂　満　仁
2023年7月15日　　　　　第2刷発行	発 行 所	㈱経済法令研究会

〒162-8421　東京都新宿区市谷本村町3-21
電話 代表 03(3267)4811 制作 03(3267)4823
https://www.khk.co.jp/

営業所／東京 03(3267)4812　大阪 06(6261)2911　名古屋 052(332)3511　福岡 092(411)0805

カバーデザイン／小野未宇（㈱ケイズ）
制作／長谷川理紗　印刷・製本／㈱日本制作センター

Ⓒ Tomonori Fujiike, Izumi Takagi 2023　Printed in Japan　　　ISBN978-4-7668-2494-0

☆　**本書の内容等に関する追加情報および訂正等について**　☆
本書の内容等につき発行後に追加情報のお知らせおよび誤記の訂正等の必要が生じた場合
には，当社ホームページに掲載いたします。
（ホームページ　書籍・DVD・定期刊行誌 メニュー下部の 追補・正誤表 ）